电力营销数字化与电力业务创新

贺云隆　王鸿军　雷婧婷

辽宁大学出版社　沈阳

图书在版编目（CIP）数据

电力营销数字化与电力业务创新/贺云隆，王鸿军，雷婧婷著. --沈阳：辽宁大学出版社，2024.12.
ISBN 978-7-5698-1850-5

Ⅰ.F426.61

中国国家版本馆 CIP 数据核字第 2024FV1988 号

电力营销数字化与电力业务创新
DIANLI YINGXIAO SHUZIHUA YU DIANLI YEWU CHUANGXIN

出 版 者：	辽宁大学出版社有限责任公司
	（地址：沈阳市皇姑区崇山中路66号　邮政编码：110036）
印 刷 者：	沈阳市第二市政建设工程公司印刷厂
发 行 者：	辽宁大学出版社有限责任公司

幅面尺寸：170mm×240mm

印　　张：14.5

字　　数：230 千字

出版时间：2024 年 12 月第 1 版

印刷时间：2025 年 1 月第 1 次印刷

责任编辑：李珊珊

封面设计：韩　实

责任校对：夏明明

书　　号：ISBN 978-7-5698-1850-5

定　　价：88.00 元

联系电话：024-86864613
邮购热线：024-86830665
网　　址：http://press.lnu.edu.cn

前　言

随着新一轮电力体制改革的深入推进,面对新的工业革命、能源革命及"碳达峰、碳中和"带来的机遇与挑战,电力企业、其他能源企业以及第三方企业纷纷表示要向综合能源服务企业转型,向社会发声的既包括电网企业,也包括发电企业,甚至有互联网企业。中国电力行业正面临着深刻的宏观环境变化。新时代中国电力行业发展呈现出电力供应宽松化、电力交易市场化、电力生产和消费绿色化的特征。随着计算机方面技术的快速发展,全球的信息化水平也在逐渐地提高。电力行业作为基础能源行业,当然也紧跟时代的步伐,迅速改进自身数字化的建设工作。

本书深入探讨了在数字化时代背景下,电力营销领域的转型与创新。本书首先概述了电力市场与营销的基本概念,以及电力营销管理的哲学理念。随后,详细介绍了电力营销管理信息系统、客户服务技术支持系统、自动抄表与交费支持系统、负荷管理系统等技术市场支持工具。书中还涵盖了电能运营管理的数字化实践,包括大数据智能分析、电能计量装置的运行、信用评价与风险管控、电价与电费管理,以及用电行为模式识别。进一步,书中探索了电力营销风险的数字化稽查机制,包括市场营销风险管理、稽查创新体系建设和业务内控体系。此外,讨论了综合能源服务的各个方面,如光伏、电动汽车充电设施、储能节能服务和需求侧响应。最后，书中聚焦于电力业务创新，分析了互联网环境下的消费服务创新、智能电网中的"互联网＋"模式实践、虚拟电厂的需求分析与调度优化，以及电力人才队伍的优化与交流平台建设。本书为电力行业从业者提供了一个全面、系统的视角，以理解和应用数字化技术，推动电力营销和业务的创新发展。

  本书在写作过程中，参考和采用了大量的有关电力营销、电力服务、电力业务等方面的资料，借鉴了国内外很多相关的研究成果以及著作、期刊、论文等，在此向有关专家和学者致以诚挚的感谢。由于作者水平有限，难免有不足之处，恳请读者进行批评和指正。

作 者

2024 年 10 月

目 录

前言 ··· 1

第一章　电力营销概述 ·· 1

第一节　电力市场与电力营销 ··· 1
第二节　电力营销管理哲学 ··· 12

第二章　电力技术市场支持的管理系统 ···································· 23

第一节　电力营销管理信息系统 ···································· 23
第二节　电力客户服务技术支持系统 ···························· 28
第三节　电力自动抄表与客户交费支持系统 ··············· 49
第四节　电力负荷管理系统 ··· 53

第三章　数字化时代电能运营管理 ·· 59

第一节　电力营销大数据智能分析技术 ······················· 59
第二节　电能计量装置的安装运行 ································ 64
第三节　购售电用户信用评价与风险管控体系 ··········· 69
第四节　电价管理和电费管理 ··· 76
第五节　基于大数据的用电行为模式识别 ··················· 84

第四章　电力营销风险数字化稽查机制探索 ·························· 91

第一节　电力企业市场营销风险管理 ··························· 91

第二节　基于电力营销风险的稽查创新体系建设 ·············· 116
　　第三节　电力营销业务数字化内控体系 ·············· 129

第五章　电力综合能源服务 ·············· 135
　　第一节　光伏与电能替代 ·············· 135
　　第二节　电动汽车充电设施 ·············· 149
　　第三节　储能节能服务 ·············· 156
　　第四节　需求侧响应 ·············· 168

第六章　电力业务创新 ·············· 175
　　第一节　互联网环境下电力消费服务创新 ·············· 175
　　第二节　"互联网＋"模式在智能电网中的实践 ·············· 187
　　第三节　虚拟电厂需求分析与调度优化 ·············· 204
　　第四节　电力人才队伍优化与交流平台建设 ·············· 214

参考文献 ·············· 222

第一章　电力营销概述

第一节　电力市场与电力营销

一、市场及其相关概念

市场是由那些具有特定的需要或欲望，而且愿意并能通过交换来满足这种需要或欲望的全部潜在顾客构成的。市场是买卖关系的总和。

市场由有某种需要的人、为满足这种需要的购买力和购买欲望三个要素构成。只有当三个要素同时具备时，企业才拥有市场，或者说拥有顾客，即

$$市场/顾客＝人口＋购买力＋购买欲望 \qquad (1-1)$$

二、电力市场

（一）电力市场的定义

电力市场包括广义和狭义两种含义。广义的电力市场是指电力生产、传输、使用和销售关系的总和。狭义的电力市场指竞争性的电力市场，是电能生产者和使用者通过协商、竞价方式就电能及其相关产品进行交易，通过市场竞争确定价格和数量的机制。

根据以上定义，电力市场首先是一种管理机制，这种机制与传统的行政命令机制不同，主要采用市场的手段进行管理，从而达到资源优化配置的目的。其次，电力市场还是体现这种管理机制的执行系统，包括交易场所、计量系统、计算机系统、通信系统等。竞争性电力市场具有开放性、竞争性、

网络性和协调性。与传统的垄断电力系统相比,电力市场具有开放性和竞争性;与普通的商品市场相比,电力市场具有网络性和协调性。

(二)电力市场的构成要素

要素是指构成某个系统的必要元素。电力市场有 6 个基本构成要素,分别是电力市场主体、电力市场客体、电力市场载体、电力商品价格、电力市场运行规则和电力市场监督。

1. 电力市场主体

市场主体是指商品的所有者(卖方)和货币的所有者(买方)。就电力市场而言,其主体可细分为发电企业、电网企业和供电企业,它们是电力商品的生产者、供应者,为电力市场客户提供各类电力产品和服务。电力市场主体的买方是广大的电力客户,他们是电力商品的购买者、消费者,构成市场的需求方。

2. 电力市场客体

市场客体是指在市场中买、卖双方交易的对象,或者说是市场上各种待售的商品。狭义地讲,电力市场中的客体就是电力商品。电力商品,用生产能力即容量衡量(以千瓦计量)和商品数量即容量运行时间(以千瓦时计量)计算。由于生产能力在一定的时间内是一个确定的量,生产数量的多少主要取决于机组的运行时间。因此,发电小时常常用来作为表述生产数量的一个决定的量。

3. 电力市场载体

市场载体是市场交易活动的物质基础,是市场主体、客体借以进行交易活动的物质条件。电力市场的载体就是覆盖营业区内的电力网络。一般意义上的市场载体还应包括销售商品的销售网点设施、仓储、运输、通信设施和商品交易所需要的交易场所,它是市场借以存在的先决条件。

4. 电力商品价格

电价是电力商品的货币表现。在完善的市场条件下,电价与电费在数量上应该是一致的,在我国电力市场机制不完善、管理上存在缺陷的情况下,电价与电费却成为两个不同的量。按照人们习惯的认识,电价是由政府政策确认规定的电度价格或称目录电价，电费是指终端用户实际负担的电度费用，两者之间相差的就是政府政策以外的各种加价。随着电力市场的完善，这种加价现象应被逐步取消。

5. 电力市场运行规则

运行规则是市场主体参加市场交易活动的行为规范，是维持市场正常运作的约束条件，也是市场运作的先决条件和保证。通常运行规则由政府制定，由政府监督或授权某组织机构代替监督和管制执行。市场运行规则通常包括市场准入规则、市场交易规则和市场竞争规则三种。

6. 电力市场监督

市场监督是指在市场上按照市场管理和运行规则，对从事交易活动的市场主体行为所进行监察和督导的组织或个人，是市场管理的重要组成部分，是市场运作不可缺少的。

（三）电力市场的分类

1. 按交易形式进行分类

电力市场可以分为期货与期权交易市场、中长期合约市场、日前交易市场、辅助服务市场和实时交易市场。

2. 按发展过程或服务对象进行分类

电力市场可以分为发电市场、电力批发市场和电力销售市场。

3. 按层次进行分类

电力市场可以分为国家级电力市场、区域电力市场、省级电力市场、地区级电力市场和县市级电力市场。

三、电力营销

（一）市场营销的含义

不同于销售和促销，营销主要是辨别和满足人类和社会的需要，把社会或个人的需要变成有利可图的商机行为。市场营销的目标在于满足个人或集体的欲望和需要；市场营销的核心在于交换；交换是否成功的条件取决于营销者创造的产品和价值满足顾客需求的程度，以及对交换过程管理的水平。

(二)电力营销的含义

电力营销就是电力企业在变化的市场环境中，以满足人们的电力消费需求为目的，通过电力企业一系列与市场有关的经营活动，提供满足消费需要的电力产品和相应的服务，从而实现企业的目标。

电力营销的实质就是要调整电力市场的需求水平、需求时间，以良好的服务质量满足用户合理用电的要求，实现电力供求之间的相互协调，建立电力企业与用户之间的合作伙伴关系，促使用户主动改变消费行为和用电方式，提高用电效率，从而增加企业的效益。电力企业是在消费者的需求满足之中实现自己的各项目标。

随着电力体制改革的深入，对电力市场的认识已经趋于共识，电力市场的营销活动已经成为电力企业的一项重要的经济活动。通常包括以下内容：

1. 电力市场调查与预测

不断分析电力企业与电力市场的关系，分析影响电力企业中电力营销活动的宏观环境和微观环境，预测电力需求的发展趋势，分析各类电力客户对电力市场的需求和购买行为，研究电力企业如何面对环境变化所带来的机会或威胁。

2. 电力市场细分与目标电力市场选择

在电力市场调查与预测的基础上进行电力市场的细分，提出电力企业选择目标电力市场的方法。

3. 电力产品与服务策略

电力生产、输送和使用的瞬时性决定了电力营销活动的一个重要内容是对电力企业的发电、输电和配电进行指导，使电力能随时满足电力客户和电力消费者的需要。

4. 电价策略

电力行业是国民经济的重要部门，电力商品不仅涉及各行各业，而且涉及千家万户，因此电价是一个非常重要的因素，电价的制订必须公平、合理。

5. 电力销售渠道策略

电力产品的销售有其特殊的渠道，即通过电力网进行输送。建立合适的电力销售渠道对于降低电力成本、满足电力客户的需要至关重要。

6. 电力促销策略

电力促销有利于扩大电力销售，提高电力市场占有率。电力促销常用的手段有人员推销、广告、公共关系、营业推广等。

(三) 电力营销与其他商品市场营销的联系与区别

电力商品是一种特殊的商品，电力市场也是一个特殊市场，电力营销是一项特殊的营销活动。电力营销与一般商品的营销既有联系，又有区别，两者的联系表现在：

第一，两者均为满足消费者某种需要和效用，都具有商品的属性。电能既满足人们对动力、照明的使用，同时又把电力企业的服务意识、节能和安全用电的观念传播出去。

第二，两者均应遵循市场规律，遵循市场营销的原理。市场竞争规律、市场营销的基本原理同样适用于电力产品。

两者的区别是：

(1) 电力商品是一种特殊的商品，具有单一性，使得电力营销的产品策略不同于其他商品，它没有很大的设计空间。但是，电力企业可因用户用电要求不同，而采用差异化的电价，从而形成一种商品多种价格的体系。

(2) 电力商品交易的特殊性，使电能的发、输、配、售这些环节都是瞬时完成的，电力市场流通和销售的渠道都是通过电网，电力企业不必考虑存货成本对营销的影响。

(3) 电力商品分销渠道的相对确定性，受到电网覆盖范围的限制，且电网的建设投资巨大、技术要求高，因此电力商品不能像其他商品一样，随意改变分销渠道。

(4) 电能产品的销售在很大程度上依赖用电设备和电器的使用，因此，电力营销要和用电商品的营销相互作用、相得益彰。

(5) 营销活动的重点在电力客户终端。一般商品的营销重点不仅在于客户终端，而且对生产商、中间商同样很重视。电力营销尽管也包括发电市场和输配电市场等环节，但是营销工作的中心应该放在客户终端，这是因为电力商品的发电量、输电量多少完全取决于终端客户。

（6）生产力的技术进步无法直接体现在产品上。电力科学技术进步仅仅反映在电能质量、供电可靠性、服务水平、成本等方面，而不是直接表现在电力商品本身上，这一点与一般商品相比有明显的不同。

（7）价格形成机制存在政府调控。一般商品的价格是在市场规律的作用下，企业根据自身的生产成本和利润水平等自主定价，而电力商品的价格常常受到政府的干预，电力企业不能完全独立地确定电力商品的价格。

（8）电力市场存在自然垄断性，并且由于电能商品的公用性，使得电力市场具有不可放弃性。电的自然垄断性是电的显著经济特点，电的自然垄断性主要表现在：电力建设投资较高，一般投资者不能承受；电力生产和消费受空间的制约；电能的获得是通过对自然资源的消耗来实现的；电力生产、运输、消费在时间上具有同步性。

（四）电力营销的作用

电力营销活动作为电力企业的一项经营活动，具有以下作用：

1. 有利于拓展电力市场，提高电力市场占有率

电力企业以提供电力产品和服务、满足电力客户的需求并获取盈利为基本任务，电力企业为了自身发展，必须进行市场营销活动。电力营销的一个重要作用就是拓展电力市场。为此，电力企业可以通过电力市场调查和预测，通过电力市场细分与目标电力市场的选择以及电力营销的策略，不断拓展电力市场，不断提高电力市场占有率。

2. 有利于电力企业树立良好的公众形象，提高市场竞争力

电力营销能力是体现电力企业竞争力的一个重要方面，随着电力市场的不断完善，厂网分开、竞价上网、输配分开、竞价供电，电力企业之间的竞争不断加剧。因此，积极开展电力营销活动，提高电力企业在客户中的知名度，树立电力企业在公众中的良好形象，吸引众多电力客户成为自己的客户，使电力企业在市场上的竞争力不断提高。

3. 有利于电力企业不断提高经济效益，不断提高电力职工的收入水平

电力营销活动开展得好坏，对电力企业在公众中的形象以及电力产品本身的销售会产生直接的影响，因此，开展好电力营销活动，既有利于电力企业不断提高经济效益，同时也有利于电力企业不断提高电力职工的收入水平。

四、电力营销中的核心概念

要对电力营销进行研究，首先应该掌握它的一些基本的、核心的概念，它们构成了电力营销管理的基础。共有五组概念，分别是电力需要、电力欲望和电力需求；电力产品；效用、价值和满足；电力交换、电力交易和电力营销关系；电力市场与电力营销者。

（一）电力需要、电力欲望和电力需求

人的需要和欲望是市场营销的出发点。需要是指人们没有得到某些基本满足的感受状态。人们在生活中，需要食品、衣服、住所、安全、爱情及其他一些东西。这些需要都不是社会和营销者所能创造的，它们存在于人类自身的生理结构和情感中。欲望是指人们想得到这些基本需要的具体满足物的愿望，是个人受不同文化及社会环境影响表现出来的对需要的特定追求。一个人需要食品，想要得到一个汉堡包、包子或面条；需要引人注意，想要得到一件名牌西装；需要娱乐，想到电影院去看一场电影。需求是指人们有能力购买并且愿意购买某个具体商品的欲望。当具有购买能力时，欲望便转换成需求。

1. 电力需要

随着人类社会的进步和发展，作为由煤炭、石油、天然气、水力、核能以及风力、太阳能等转化而成的二次能源的电力，已经成为整个社会活动、经济活动的重要组成部分，电力显得更为重要。至少在可见的未来，人们为了生活、学习、生存和生产仍将持续地需要电力，这些需要存在于人类本身的生理需要、心理需要和自身状态之中。当人们对电力商品的需要没有得到满足时，就会处于一种不安和烦躁的生理不适应状态，或者处于紧张和痛苦

的精神状态下。电力是一种应用最广泛、使用最方便和最清洁的能源。电力已经成为当今社会个人和人类社会得以生存和发展的前提条件，是社会文明与发展水平的重要标志之一，这种需要是不依赖于电力营销活动而存在的。

2. 电力欲望

电力欲望是指人们需要电力产品的愿望。电力欲望的含义是，人们希望获得电力产品所带来的某种具体的满足。电力需要可以划分为很多种类，如光线、动力、温暖、凉爽等，城乡居民如果没有电力供应就无法生存。人们可以利用当地丰富的水电资源、地热资源、太阳能资源、风力资源等自己修建发电厂，也可以购买地方电力企业电力，但是更多的人希望能用上高质量的电力，即电压和频率稳定、供电连续性强以及有高服务水平的电力。电力营销活动可以影响电力欲望的产生。

3. 电力需求

电力需求是指电力客户针对特定的电力商品和电力服务的购买欲望。这种电力欲望必须满足两个条件：第一，电力客户有获得电力的愿望；第二，电力客户必须具有购买电力的支付能力。也就是说，当人们有电力购买能力时，电力欲望才能转化为电力需求。电力企业的市场营销是以满足电力客户的需求为目标的。电力企业必须面向市场、面向消费者，必须适应不断变化的市场并及时调整其市场营销策略以适应不断变化的电力市场需求。只有当电力客户对电力商品、电能质量及电力服务有了需求时，电力营销者才有可能将电力商品出售给这些电力客户，从这个意义上讲，电力营销的目的就是要开展促进人们对电力商品和电力服务需求的活动。

（二）电力产品

产品是指用来满足顾客需求和欲望的物体。产品包括有形与无形的、可触摸与不可触摸的。有形产品是为顾客提供服务的载体；无形产品或服务是通过其他载体，诸如人、物、活动、组织和观念等来提供的。

电力产品不仅包括电力商品本身，还包括相应的电力服务。产品的价值在于拥有它以后给个体带来的对欲望的满足。产品实际上只是一种满足欲望的载体，这种载体可以是物，也可以是"服务"，例如人员、地点、活动、组织和观念等，具体包括电力营销者的素质（人员）、营业厅（营销地点）、上门服务（营销活动）、节约用电和安全用电常识以及对电能是最清洁的能源的认识（观念）。因此，电力商品涵盖了可满足客户需要和欲望的电力、服务及其他。

人们购买电是为了能够用，从某种意义上讲，电力客户对电力服务和电能质量的重视程度远远大于对电力本身的拥有。其购买电力商品的目的在于得到电力所提供的服务、提供的动力、提供的能源等方面的满足。

（三）效用、价值和满足

效用是消费者对满足其需要的产品的全部效能的估价。消费者如何选择所需的产品，主要是根据对满足其需要的每种产品的效用进行估价而决定的。

价值是顾客付出与顾客得到之间的比例函数：

$$价值＝利益/成本＝（功能利益＋情感利益）/$$
$$（金钱成本＋时间成本＋精力成本＋体力成本） \qquad (1-2)$$

营销人员可以通过以下几种方法提高顾客的价值：

(1) 增加利益。

(2) 降低成本。

(3) 增加利益的同时降低成本。

(4) 利益增加幅度比成本增加幅度大。

(5) 成本降低幅度比利益降低幅度大。

在终端能源市场中，消费者面对多种多样的能源产品，如煤气、煤炭、石油、天然气和电力等，会如何进行选择呢？一般情况下，消费者总是购买那些单位支出具有最大效用的产品。电力消费者选择的依据是通过判断电力商品的效用是否最高、支付的费用是否最低，即以能否使其获得最大的满足来进行决策。因此，电力营销人员就应该按照电力客户选择行为模式，宣传电力商品与电力服务本身固有的优点，使每个电力客户都感到自己得到的是最值得、最划算也就是最满意的电力商品和服务。

(四) 电力交换和电力交易

1. 电力交换

人们有了需求和欲望，企业也将产品生产出来了，还不能解释为市场营销，产品只有通过交换才使市场营销产生。人们通过 4 种方式获得产品：自行生产方式，或通过强制取得方式，或通过乞求方式获得产品，都不是市场营销；只有通过等价交换，买卖双方彼此获得各自所需，才产生市场营销。可见，交换是市场营销的核心概念。交换的五个条件为双方、价值、信息与物品、接受与拒绝、适当与满意。

电力交换就是电力消费者用自己拥有的有价值的东西（货币或有价实物）作为对电力供应商的回报，从供电企业那里获得电力商品和电力服务的行为。电力交换的发生，必须具备下面五个条件：

（1）至少要有电力交换的双方，即电力供应者和电力需求者。

（2）交换双方都有对方需要的有价值的东西，即电力供应者能向电力需求者提供充足优质的电力供应和电力服务，电力需求者具有支付能力。

（3）交换双方有沟通和运送货品的能力，电力供应者随时能为电力需求者准备好电源、输配电网络，在电力需求侧具有电力通路，电力能够及时输送、分配给电力需求者。

（4）交换双方都可以自由地接受或拒绝对方的产品，具有平等的选择权和被选择权，尤其是电力需求者应该具有选择权，这是电力市场得以健康发展的重要前提。

（5）交换双方都认为与对方进行交换是称心如意的。

具备了这五个条件就具备了发生电力交换的可能性，电力交换能否真正地发生还取决于电力交换双方能否找到双方均感到满意的交换条件，即交换发生以后双方都能获得比交换发生前更多的满足。

2. 电力交易

交换是一个过程，而不是一种事件。如果双方正在洽谈并逐渐达成协议，称为在交换中。如果双方通过谈判并达成协议，交易便发生。交易是交换的基本组成部分。交易是指买卖双方价值的交换，它是以货币为媒介的；

而交换不一定以货币为媒介，它可以是物物交换。

电力交易是由电力供应者和需求者双方之间的价值交换所构成的。一次电力交易主要包括：

（1）至少有两个有价值的事物，即电力供应者具有需求者所需要的电力商品、电力服务，电力需求者拥有电力供应者希望的有价之物，如货币或实物等。

（2）有电力供应需求各方同意的交换条件。

（3）协议时间和地点等。

为了保证电力交易的顺利进行，通常有一套法律制度来支持或强制交易双方执行，如果没有电力交易的相关法律规定，就可能在交易中出现互不信任，电力市场也就难以真正建立起来。由于电力商品和电力服务不能储存，电力交易数量的多少完全取决于电力需求者实际所消耗的电力数量的多少，因此，电力供应者必须保存好自己每次电力交易的数据记录，这些数据记录是衡量电力客户支付货币的依据，数据的准确性、完整性和安全性是电力营销活动得以正常进行的根本保证。

3. 电力营销关系

建立在交易基础上的营销可称为交易营销。为使企业获得较之交易营销所得到的更多，就需要关系营销。关系营销是营销者与有价值的顾客、分销商、零售商、供应商以及广告代理、科研机构等建立、保持并加强长期的合作关系，通过互利交换及共同履行诺言，使各方实现各自目的的营销方式。与顾客建立长期合作关系是关系营销的核心内容。同各方保持良好的关系要靠长期承诺和提供优质产品、良好服务和公平价格，以及加强经济、技术和社会各方面联系来实现。关系营销可以节约交易的时间和成本，其营销宗旨从追求每一次交易利润最大化转向与顾客和其他关联方共同长期利益最大化，即实现"双赢"或"多赢"。企业建立起这种以战略结盟为特征的高效营销网络，也就使竞争模式由原来单个公司之间的竞争，转变为整个网络团队之间的竞争。

在电力营销活动中，电力供应者需要与电力需求者之间建立某种实现交易的营销关系,这种营销关系以利益相互承认为基础。建立良好的电力营销关系,得到的最终结果是使电力需求者得到更多的满足,同时也可创造出电力企业的最好资产,也是电力企业电费及时回收的有效手段之一。

(五)电力市场与电力营销者

电力营销中的电力市场是指电力商品的现实购买者和潜在购买者的需求总和,一般由电力客户数目、电力购买力和用电欲望等因素决定。

市场营销者可以是买方,也可以是卖方。在交换双方中,如果一方比另一方更主动、更积极地寻求交换,就将前者称为市场营销者,后者称为潜在顾客。换句话说,所谓市场营销者,是指希望从别人那里取得资源并愿意以某种有价值的东西作为交换的人。在电力营销中,电力交换是为了满足人们的电力需要与电力欲望,参与交易的双方通过交换后,双方均可获得自己所需要的东西。但是,交换各方由于所处位置、状态的不同,对于交换的态度、要求和期望等并不完全一样。其中,有些人更想实现交换,而另一些人不一定那么积极。如果电力客户不与电力企业进行交换,可能还会有其他能源企业可以选择,如可以找到别的拥有电力可替代产品的提供者进行交换,因此,对于电力营销人员来说就应该表现得更加积极,故电力营销人员就是市场营销者。

第二节 电力营销管理哲学

一、市场营销管理

(一)市场营销管理的定义和任务

市场营销管理是指为创造达到个人和机构目标的交换,而规划和实施理念、产品和服务的构思、定价、分销和促销的过程。市场营销管理是一个过程,包括分析、规划、执行和控制。

市场营销管理的主要任务是不仅要刺激消费者对产品的需求,还要帮助企业在实现其营销目标的过程中,影响需求水平、需求时间和需求构成。因此，市场营销管理的任务是刺激、创造、适应及影响消费者的需求。从此意义上说，营销管理的本质是需求管理。表1－1区分了8种需求状况及营销任务。

表1－1　　　　　　　　8种需求状况及其营销任务

需求类型	需求状况分析	营销任务
负需求	如果绝大多数人都对某个产品感到厌恶，甚至愿意出钱回避它，那么这个产品市场便处于一种负需求状态。例如，追求健康的人士不吃甜点和肥肉等	分析市场为什么不喜欢这种产品，是否可以通过产品重新设计、降低价格和更积极推销的营销方案来改变市场的信念和态度，将负需求转变成正需求
无需求	目标市场对产品（如陌生产品，与传统、习惯相抵触的产品，废旧物资等）缺乏兴趣或漠不关心的需求状况	创造需求，通过有效的促销手段，设法把产品的好处和人与社会的需要、兴趣联系起来
潜在需求	有相当一部分消费者可能对某物有一种强烈的渴求，而现成的产品或服务却又无法满足这一需求。例如，人们对于无害香烟、安全的居住区及节油汽车等有一种强烈的潜在需求	衡量潜在市场的范围，开发有效的商品和服务来满足这些需求。将潜在需求变为现实需求
下降需求	每个组织迟早都会面临市场对一个或几个产品的需求下降的情况。例如，近年来城市居民对电风扇的需求开始减少	分析需求衰退的原因，决定能否通过开辟新的目标市场，改变产品特色，或者采用更有效的沟通手段来重新刺激需求。通过创造性的再营销来扭转需求下降的局面

续表

需求类型	需求状况分析	营销任务
不规则需求	许多组织面临着每季、每天甚至每小时都在变化的需求。这种情况导致了生产能力不足或过剩的问题。例如平时参观博物馆的人很少，但到周末，博物馆却门庭若市	通过灵活定价、推销和其他刺激手段来改变需求的时间模式
充分需求	当组织对其业务量感到满意时，就达到了充分需求。各组织必须保证产品质量，不断地衡量消费者的满意程度，以确保企业的工作效率	经常关注顾客的满意程度，激励推销人员和经销商加大推销力度，以确保现有的需求水平
过量需求	有些组织面临的需求水平会高于其能够或者想要达到的水平。例如北京的公路在高峰期拥挤不堪	降低市场营销，就是设法暂时地或者永久地降低需求水平，也就是不鼓励需求，包括提高价格、减少推销活动和服务
有害需求	不健康的产品将引起一些组织抵制消费的活动。	反市场营销，劝说喜欢这些产品的消费者放弃这种爱好，采用的手段有传递其危害的信息，大幅度提价及减少供应等

（二）市场营销管理在企业中的地位

从全球范围的企业实践来看，市场营销在不同的时期内，引起了不同行业的重视。

1. 企业何时重视市场营销

促使国内外企业重视营销的主要因素有销售额下降、增长缓慢、购买行为改变、竞争加剧、销售成本提高。

2. 市场营销在企业中地位的演进

基于上述种种因素，迫使企业努力提高市场营销的能力。从营销职能的演进过程可以看出，伴随营销实践的发展和市场竞争的加剧，越来越多的企业高层管理人员终于达成共识：市场营销部门与其他职能部门不同，它是连接市场需求与企业反应的桥梁和纽带，要想有效地满足顾客需要，就必须将市场营销置于企业的中心地位。

目前，在我国不少电力企业中，对电力企业的市场营销仍存在一些模糊的认识，也不排除偶有电力生产与市场营销孰轻孰重的争议，垄断经营的习惯做法、思维方式依然明显存在着。如何看待电力企业的市场营销、市场营销在电力企业应具有何种地位是所有电力企业必须搞清楚的问题。如果这一问题不能很好地解决，营销不协调症将会十分严重，使电力企业产生大量内耗。应从社会企业中市场营销地位的发展变化中得到许多有益的启示，借鉴这些启示，可以使电力企业的市场营销少走弯路。

虽然电力产品有一定的特殊性，电力企业营销的过程、方式等方面不同于一般企业的市场营销，但所有企业的市场营销实质是相同的。就电力企业而言，在市场营销管理、生产管理、财务管理、人事管理等众多企业职能中，唯有市场营销管理是在市场上或电力企业外部进行的，而其他管理基本上是内部管理，因此，社会公众往往从电力企业市场营销工作的好坏看其整体管理水平的高低。而在电力市场环境下，电力企业市场营销工作的好坏，也确实决定着企业总体效益的高低。因此，对电力企业而言，无须讨论，从高层领导到一般员工应统一认识，并按照这一认识去行事，即市场营销在电力企业应处于企业的中心地位。

二、市场营销管理观念的演变

市场营销管理观念就是企业在开展市场营销活动过程中，在处理企业、顾客和社会三者利益方面所持的态度和理念。随着生产和交换的日益发展，社会、经济与市场环境的变迁和企业经营经验的积累，市场营销管理观念发生了深刻的变化。这种变化的基本轨道是从企业利益导向，转变为顾客利益导向，再发展到社会利益导向。企业的营销观念通常划分为生产观念、产品观念、推销观念、市场营销观念和社会市场营销观念5种。前三者被称为传统营销观念，后两者被称为现代营销观念。两种营销观念的比较见表1－2。

表1－2　　　　　　　　两种营销观念的比较

营销观念		市场特征	出发点	手段	营销目标
传统营销观念	生产观念	供不应求	生产	提高产量，降低成本	增加生产，取得利润
	产品观念	供不应求	产品	提高质量，增加功能	提高质量，获得利润
	推销观念	生产能力过剩	销售	推销与促销	扩大销售，获得利润
现代营销观念	市场营销观念	买方市场	顾客需求	整体市场营销	满足顾客需要获取利益
	社会营销观念	买方市场	顾客需求、社会利益	协调性市场营销	满足顾客需要，增进社会利益，获得经济效益

（一）生产观念

这种观念产生于20世纪20年代之前。这种观念认为，消费者喜欢那些随处可以买得到而且价格低廉的产品。

出发点：生产。

典型语言："我生产什么就卖什么。"

中心任务：应致力于获得高生产效率和广泛的分销覆盖面。

在以下两种条件下合理：

（1）产品的需求超过供给。

（2）产品成本高，必须通过提高生产力来扩大市场，以降低成本。

电力生产观念同样产生于电力供不应求的时期。该观念认为，电力客户需要能够买得到和买得起的电能。电力企业的任务就是积极组织原材料，尽力降低电力成本，尽可能多地生产电力并有计划地分配电力，以满足电力客户的需求。长期以来我国电力生产中"重发电、轻供电、不管用电"的观念就是一种典型的电力生产观念。

（二）产品观念

这种观念认为消费者喜欢高质量、多功能和具有某些创新特色的产品，"以质取胜"，较生产观念进了一步。这种观点必然导致市场营销近视，甚至导致经营的失败。

出发点：产品。

典型语言："我能生产什么就生产什么。"

中心任务：致力于生产优质产品，并不断精益求精。

电力产品观念形成于电力供求状况有所缓解的时期。该观念认为电力客户需要的是经济、合理、安全、可靠的电力。电力企业的任务不仅是要加快电源建设、扩大电能生产、加强电网规划，而且要采取措施不断提高电能的质量，以满足电力客户的需求。

（三）推销观念

这种观念产生于20世纪20年代末至50年代之前。当时，社会生产力有了巨大发展，市场趋势由卖方市场向买方市场过渡，尤其是1929~1933年的特大经济危机期间，大量产品销售不出去，迫使企业重视广告术与推销术的应用研究。这种观念认为，消费者通常表现出一种购买惰性或抗衡心理，企业必须进行大量推销和促销努力，但其实质仍然是以生产为中心。

出发点：销售。

典型语言："我们卖什么，就让人们买什么。"

中心任务：致力于主动销售和积极促销。

电力推销观念发生在电力供大于求的阶段，由于电力出现过剩，为了提高电力销售，电力企业采用一些推销的方式鼓励电力客户多用电，这种促销手段一般只站在电力企业的角度考虑问题，例如鼓励消费者使用电器产品。由于这种鼓励仅仅是为了增加电力消耗，并未考虑电力客户是否能承担起相应的电费，因此属于电力推销观念。如果能站在客户的角度考虑问题，例如采用峰谷电价，降低电费支出，此时就成为电力营销观念了。对我国电力市场而言，20世纪90年代初期电力供求矛盾缓和后才产生了电力推销观念。

（四）市场营销观念

这种观念定型于20世纪50年中期。这种观念认为，要达到企业目标，关键在于确定目标市场的需求与欲望，并比竞争者更有效率地满足消费者的需求。许多企业开始认识到，必须转变经营哲学，才能求得生存和发展。

出发点：顾客需求。

典型语言："顾客需要什么，我们就生产什么、销售什么。"

营销观念基于四个主要支柱，即目标市场、顾客需要、整合营销和盈利能力。

市场营销观念的出现，使企业经营哲学发生了根本性变化，也使市场营销学发生了一次革命。

电力营销观念形成于电力出现供过于求的时期。该观念认为电力企业的一切行为都要以电力市场需求为出发点，以满足电力市场需求为中心。电力市场的需求包括产品性需求和服务性需求。产品性需求是指电力客户对电力和电量的需求，满足产品性需求主要是通过电力需求预测获得客户的需电量及最大负荷等，并通过一定的电价策略、电力销售渠道策略及电力促销策略等满足电力客户的产品性需求。服务性需求是指电力客户对服务性产品的需求，包括：用电业务咨询服务，咨询的内容有办理用电业务申请手续、用电新装及增容、过户与移表等杂项、电力法律法规等；电力故障抢修服务；电力业务受理服务；客户建议、欠费催缴、信息通知、停限电预告等其他服务。满足服务性产品需求主要通过市场调查，了解客户需要，并通过一定的手段和措施予以满足。

（五）社会市场营销观念

社会市场营销观念是对市场营销观念的修改与补充，产生于20世纪70年代。当时，西方发达国家出现了能源危机，通货膨胀，失业增加，环境污染严重，破坏了社会生态平衡，出现了假冒伪劣产品及欺骗性广告等，从而引起了广大消费者不满，并掀起了保护消费者权益运动及保护生态平衡运动，迫使企业营销活动必须考虑消费者及社会长远利益。这种观念认为，企业的任务是确定目标市场需求、欲望和利益,并且在保持和增进消费者和社会福利的情况下,比竞争者更有效率地满足目标顾客的需要。

20 世纪 90 年代国际上提倡的一种先进的资源规划方法和管理技术为综合资源规划方法与需求侧管理技术,这是一种典型的电力市场社会营销观念。综合资源规划就是将供应方资源和需求方各种形式的资源,作为一个整体进行规划。需求侧管理就是电力企业采取有效的激励和诱导措施以及适宜的运作方式,与客户协力提高终端用电效率,改变用电方式,为减少电量消耗和电力需求所进行的管理活动。该观念认为电力营销活动不能仅仅考虑客户对电力的需求,同时应对供应方和需求方的资源进行整体规划,要兼顾社会利益,实现资源使用的最低社会成本。

三、现代电力营销观念

电力企业长期以来实行高度集中的计划经济体制和政企合一的管理模式,习惯用行政手段管理电力的生产与销售,发展靠国家、效益靠政策、管理靠行政手段,缺乏市场竞争的紧迫感和危机感。随着我国电力经营体制的转变和电力供需矛盾的变化,电力的发展必须靠市场、求质量、求效益,电力发展模式必须从数量速度型转向质量效益型转变;实现电力的发展从过去以供给导向为主,被动地填补供电缺口,转向以需求导向为主,主动开拓市场,促进电力资源优化配置。为此,必须树立和强化改革创新观念、优质服务观念、市场竞争和效益观念、依法经营观念、科技创新和人才开发观念,加强营销队伍建设,丰富和完善营销手段,加强营销管理,逐步实现营销工作现代化。

电力企业要构筑 21 世纪的电力营销理念。电力营销的出发点是消费需求,是以买方(客户)的需求为中心,目的是在使客户得到满足并能感到愉悦中获得企业利润。电力营销是创造和传递生活标准给社会。一是如何满足消费者已经产生的各种需求,即传递生活标准给社会。如客户要求供电到户,实行一户一表;要求提供安全、可靠的电力,放心用电;要求选择按固定价格、分段价格或分时价格用电,充分满足各类不同客户的用电需求;要求提高电能质量,保证空调等各种电器正常运转。二是引导消费者的各种需求,如引导客户改变传统的用能观念,使用高效、清洁电能,同时又要引导客户合理用电。

电力企业应树立以市场需求为导向,以满足客户需求为中心,以引导客户消费并取得经济和社会效益最大化为目标相统一的市场营销新思想。以市场需求为导向,就是要加强对市场需求预测的研究,做好市场变化的跟踪分析,提高市场预测的及时性和准确性。电力生产项目的规划和实施,电力生产运行计划的编制,用电政策、电价政策的调整,用电计划的安排及日常营销管理工作均需以市场需求为依据。以满足客户需求为中心,就是不仅要根据客户的要求,提供优质、可靠、价格合理的电力电量,而且要做好全方位的优质服务,给客户带来安全、舒适、方便和满足感。以引导客户消费并取得经济和社会效益最大化为目标,就是根据国家对宏观经济调控、产业结构调整、优化资源配置等政策,采用经济手段,利用媒体宣传,引导客户合理用电,从而实现资源的综合利用和优化配置,取得公司经济效益和社会效益双丰收,并促进客户生产方式的改进和生活水平的提高。

四、现代电力营销观念的实施

电力营销观念的实施与贯彻,需要付出艰辛的努力,需要做大量的工作。具体地说,主要包括以下几个方面:

(一) 树立全员市场营销观念

电力企业要树立、贯彻和实施新的市场营销观念,必须以各种方式向本企业职工灌输以客户为中心的经营指导思想,既考虑客户目前需求又考虑客户长远利益和社会整体利益,这是使公司成为一个有竞争力的机体的关键性工作之一。考察一个电力企业的首要标准就是观念,即公司从上至下的工作人员是否有一心想到客户、为客户服务的经营指导思想。

首先,电力企业的决策者必须牢固地树立正确的经营指导思想。决策者在公司中担负着重要的职责,其指导思想正确与否将影响到公司的战略战术与决策,关系到公司的生存与发展。为此,可通过各种形式的厂长、经理培训班培训公司领导，同时对从事销售工作的人员进行培训。其次，由于具体贯彻执行一个公司营销目标的任务，总是落在处于最低层次的职工肩上，这些第一线的职工在实现公司的目标中发挥着实质性的作用，他们的经营指导思想的正确与否也直接关系到市场营销观念在公司中的贯彻和实施。因此，需要对公司职工开展全员培训，使公司每一个成员都树立市场营销观念。

（二）全面理解满足需求

电力营销观念的核心是满足客户的需求，始终坚持客户第一的原则，这是它与旧观念的区别所在。满足需求包含着丰富的内容，只有全面理解才能贯彻。

1. 要满足客户对电力产品的全部需求

客户对电力产品的需求是多方面的，不仅限于电力产品直接的、表面的使用价值，还包括其他方面的要求，如客户购买电力，不仅要求电能安全、电力质量好、电压稳定，而且要求有周到的服务和适当的价格等。因此，作为经营者要考虑客户对电力产品的全部需求，实施整体产品策略。

2. 要满足客户不断变化的需求

客户对电能产品的需求不会永远停留在一个水平上，而是随着生产的发展、产品的发展而不断变化的。经营者要认识到这种变化，研究这种变化，适应这种变化，生产和经营客户需求的新产品（如发展新的服务）。

3. 要满足不同客户的需求

客户不是清一色的产品需求者，而是各有特色的、具体的、活生生的人，由于他们个性不同、所处地位不同，对产品的需求也就不同。所以需要进行有效的市场细分，了解不同层次消费者的需求，开拓市场，获得较好的经济效益。

（三）改革公司内部的管理机构

公司内部管理机构是由一定的经营思想决定的。不同的市场营销观念在公司内部组织机构设置以及各职能部门的相互关系上都体现出明显的不同。

在旧的经营思想指导下，企业组织机构的设置通常为三部分，生产部门、财务部门在前，营销部门处于次要的位置。这三部分分工清楚，呈"分立式",各部门都是从本部门的职责要求出发考虑工作安排,每一个部分中又分为不同的职能部门。这样,不同部门的想法和努力方向都不同,经常出现互相掣肘、扯皮的现象,抵消了营销的效率。

在电力营销观念下,应建立一个以满足客户需求为核心部门的整体系统,市场营销部门担负各部门之间的协调工作,运用市场营销观念制订公司的市场营销计划。在这种结构中,一般从市场营销人员中选取市场营销副总经理并由其负责统一协调各部门之间的行动,实施整体营销。市场营销副总经理在最高决策层中占有重要位置,对公司决策有较大的发言权。

(四)建立科学的管理程序

随着新的以客户需求为中心的经营管理思想的确立,公司的经营管理程序也要发生变化,要从满足客户需求这个目标出发,把市场研究贯穿于公司市场营销活动的始终,在此基础上,要建立一套系统的管理程序。

第二章 电力技术市场支持的管理系统

第一节 电力营销管理信息系统

电力市场营销技术支持系统是一个以计算机、自动控制和现代通信技术为基础，能够为电力营销、管理、决策提供高效准确的数据采集、传输、加工处理和决策支持的计算机网络和自动化系统。

一、电力营销管理信息系统的构成

电力营销管理信息系统是建立在计算机网络基础上的，覆盖电力营销业务全过程的计算机信息处理系统。电力营销管理信息系统从逻辑功能上可划分为四个层次：客户服务层、营销业务层、营销工作质量管理层和营销管理决策支持层。

（一）客户服务层

客户服务层是电力营销管理信息系统中与客户进行交互，为客户提供直接服务的软硬件系统的总称，是整个电力营销管理信息系统对外的"窗口"。客户服务层主要是通过营业厅、呼叫中心、互联网和客户现场等多种服务手段，负责收集客户的需求信息，并与客户进行沟通，为客户提供电力法规、用电政策、用电信息、用电常识以及用电技术等信息查询和咨询，实时受理客户通过各种方式提交的新装、增容与用电变更等日常业务以及投诉举报等服务。

（二）营销业务层

营销业务层是建立在客户服务层之上的电力营销管理信息系统的信息加

工和处理中心，负责对客户服务层传来的业务需求信息以及所采集的大量客户信息进行加工和处理，并将处理结果反馈给客户服务层，是客户服务层的支持层。营销业务层主要实现新装、增容与用电变更、合同管理、电量电费计算、收费与账务管理、电能计量管理、负荷管理等功能，并将营销业务信息流按照标准化、科学化的管理原则和电力营销业务规范进行迅速、准确的处理。

（三）营销工作质量管理层

营销工作质量管理层是对客户服务层、营销业务层的工作流程以及工作质量实行监督管理的控制中心。营销工作质量管理层主要通过对营销业务、客户服务的监控以及对特定指标的考核进行管理，及时发现问题和不足，迅速予以反映，督促有关部门加以纠正。营销工作质量管理层的主要功能是营销工作流程控制、营销业务稽查、合同执行情况管理以及投诉举报管理等。

（四）营销管理决策支持层

营销管理决策支持层是电力营销管理信息系统的最高层，负责对营销业务层的业务处理信息及客户服务层收集的客户资料进行总体综合分析，提供管理依据和决策支持，并将决策信息下达给营销工作质量管理层、营销业务层和客户服务层。系统通过对客户服务层、营销、业务层、营销工作质量管理层等多方面的数据信息分析，以及对市场销售、客户信息、市场动向等指标的综合分析，按照不同的要求组成各种信息资源供营销管理决策层使用，实现为制定电力营销策略、电力市场策划和开发、电力客户分析、政策趋势、效益评估、公共关系以及电力企业形象设计等管理行为与营销决策提供科学的依据。

二、电力营销管理信息系统的子系统

根据营销管理信息系统的总体目标要求及职能体系的分析，可以将营销管理信息系统划分为业扩报装子系统、电费管理子系统、用电检查管理子系统、电力市场分析预测子系统、营销综合分析及辅助决策子系统和电能计量子系统等六个子系统。

(一) 业扩报装子系统

业扩报装管理子系统是整个电力营销管理信息系统的窗口。按照现行的业扩报装工作职能和计算机数据处理的特点,该子系统应包括以下功能:①客户基础信息的收集、录入,并在此基础上建立客户档案。②建立客户业扩报装申请档案,对申请单进行登录、分类、传递和查询管理。③工作单的登录、打印、传递、反馈和查询管理。④业扩报装工程进度管理。⑤窗口费用管理。⑥临时用电客户管理。⑦施工队伍管理。⑧供电线路管理。⑨低压配电网管理。⑩业务信息维护管理。⑪客户综合信息查询管理。

(二) 电费管理子系统

根据电费管理工作的特点以及对系统的总体目标要求、电费管理子系统应具备如下功能。

1. 数据采集功能

包括抄表管理、数据采集、数据审核等。

2. 电量电费计算

依据计算电量电费所需的数据信息计算电量、功率因数和最大需量,并在此基础上计算电费。

3. 收费管理

包括电费应收、实收、欠费的统计汇总,预收电费管理,与银行联网收费的账目处理及数据传输管理等功能。

4. 账务管理

包括建立并维护营销账目科目、凭证制作、凭证审核、账目管理和票据管理等。

5. 统计分析及查询管理

包括售电量、电费、平均售电单价的统计分析;按行业、用电性质分类统计售电量、电费、平均售电单价的增长情况;客户电能电费、基本电费、功率因数调整电费、峰谷电费构成情况;各类报表的统计、汇总和上报;所有客户情况和电力销售情况查询管理等。

(三) 用电检查管理子系统

根据用电检查工作的特点和对系统的总体目标要求,用电检查管理子系统应具备以下的功能。

1. 工作计划制定

包括定检工作计划、定换工作计划、供用电合同签订计划、培训计划等。

2. 高、低压用电检查

高、低压用电检查人员应完成的电力企业日常用电检查工作，包括高、低压供用电客户的用电设备定期与不定期的检查，客户的计量装置更换、客户试验等。

3. 工程管理

用电检查人员对客户用电工程进行管理，包括确定供电方案、现场勘察、对工程的施工情况进行中间检查以及在工程竣工后对工程进行验收。

4. 停、限电工作

完成电力企业计划停电与非计划停电的工作，对事故性停电进行检查处理。

5. 客户影响电网安全的事故分析

配合有关部门对客户影响电网的安全事故进行调查。

6. 违章、窃电检查与处理

对客户违章、窃电行为，依据《电力法》《电力供应与使用条例》依法进行处理。

(四) 电力市场分析预测子系统

根据电力市场分析工作的特点和对系统的总体目标要求，电力市场分析预测子系统应具备以下功能。

1. 工作计划制订

系统辅助制订各项工作计划，根据实际情况调整，形成各项工作的年、季、月计划。

2. 工作派工与工作任务调整

对工作人员进行派工并授予工作权限，临时对工作人员的工作任务进行调整或临时安排工作任务。

3. 工作情况分析与考核

对市场分析、经营业绩分析、典型客户动态分析、市场开发策略分析、市场开发策略效益分析、市场开发工作完成情况统计分析以及工作业绩分析和考核等。

4. 市场分析预测

市场分析预测包括经营业绩分析和管理状态分析。经营业绩分析是指对各项影响经营业绩的因素进行统计、对比和分析，预测影响经营业绩变化的趋势。管理状态统计分析是指对市场调研人员的工作量、工作质量等进行统计分析，并根据考核标准进行考核。

5. 市场营销策略研究

市场营销策略研究包括市场开发策略研究和市场营销策略效益分析。市场开发策略研究是指根据地区能源需求中电力能源所占比重的变化，分析电力销售市场发展趋势，研究其他可替代能源发展情况及政策调整，制定开拓电力市场策略。市场营销策略效益分析是指通过对营销策略实施情况的跟踪，分析营销策略实施效益，预测营销策略前景。

6. 用电产品推荐

根据制定的用电产品促销计划进行用电产品推荐，并对产品应用情况进行跟踪。

（五）营销综合分析及辅助决策子系统

营销综合分析及辅助决策子系统的功能主要集中以下几个方面。

1. 经营业绩分析

主要通过对售电量、售电单价、售电收入、电费回收和售电不明损失等因素进行分析，采用合理计算方法，对有关因素进行排序，找出各项因素相应改变的原因及变化规律，以便决策。

2. 管理状态分析

主要通过工作质量、违窃电查处、职工素质、工作完成情况及客户反馈信息等数据，对职工工作进行评估，对违窃电因素进行分析，找出影响因素排序，以达到奖励与惩罚的目的。

3. 市场开发策略分析

通过电力市场发展情况分析，对影响电力销售市场因素、其他能源发展趋势、电力销售趋势和典型客户需求及动态进行预测、决策分析，帮助制定开拓电力市场销售策略，甚至提出多种方案，供决策选择。

4. 典型客户分析

通过电力产品销售情况、客户生产能力与计划、产品原材料市场等经营状态分析及客户用电情况分析等历史数据，对不同地区和同一地区的不同典型客户的用电、电费回收甚至窃电进行跟踪。

5. 营销效益分析

通过对营销策略实施情况跟踪，分析影响因素的排序，同时可以进行策略效益前景预测，为决策提供依据。

6. 数据仓库与挖掘

应用数据仓库与数据挖掘技术，建立数据仓库，随时为决策提供有效数据。

（六）电能计量管理子系统

根据电能计量管理工作的特点和对系统总体目标要求，电能计量管理子系统包括以下功能：①电能计量装置档案的建立及修改。②客户及系统变电所计量点档案的建立及修改。③标准设备和指示仪表的档案建立及修改。④电能计量装置的周期检定计划和定换计划的生成。⑤电能计量装置综合误差的计算和分析。⑥电能计量装置和标准设备及试验设备的分类检索、统计和报表的生成。⑦电能计量管理工作的日常事务处理。

第二节 电力客户服务技术支持系统

世界经济正在向一体化的方向发展，竞争越来越激烈，各种商品也由卖方市场转变为买方市场，电能作为一种特殊的社会商品，加上随着我国加入WTO和电力体制的不断改革，正在逐步打破垄断走向市场。

在市场经济条件下，随着信息技术的飞速发展和经济全球化趋势的不断加快，建立统一、开放、竞争、有序、透明的电力市场已成为我国电力工业改革和发展的必然选择。在这新的形势下，客户是企业利润的源泉，如何在激烈的市场竞争中，以优质的服务赢得客户、占有市场，在客户的愉悦和满意中取得企业的利润，是关系到电力企业生存和发展的重大问题。

一、电力客户服务理念的基础理论

当今社会，每个企业的管理者都面临着这样一个现实，产品差异性越来越小，促销手段已经用尽，竞争对手越来越多，而客户的要求开始千变万化。如何脱颖而出，建立核心优势，赢得市场回报，方法只有一条：关注顾客、关注顾客需要，建立完善的顾客服务体系。客户服务已不单是售后服务人员或服务型企业员工关心的事，拥有持续竞争力的企业在战略层面即以深邃的客户需求先见能力而傲视群雄，构建一流的客户服务能力已成为企业竞争的最新焦点。服务需求的先见能力、服务系统的构建管理能力、关怀备至的服务能力是服务制胜关键的三部曲。电力企业尤其急需提升这样的能力，随着电力企业经营体制的转变和电力供需矛盾的缓和，电力的发展必须以服务求市场，以服务求效益，这使完善电力客户服务成为电力市场营销战略的重中之重。

(一) 电力客户服务的含义

1. "服务"的定义

服务是一方能够向另一方提供的基本上是无形的任何功能和利益，并且不导致任何所有权的产生。它的产生可能与某种有形产品联系在一起，也可能毫无联系。

客户服务是一种机制、一种文化、一个体系，一种能够提供强大的持续销售能力的手段。广义上讲，任何能够提高客户满意程度的内容，都属于客户服务的范畴。

2. "电力客户服务"的定义

以电能商品为载体，用以交易和满足客户需要的、本身无形和不发生实物所有权转移的活动。

(1) 电力客户服务的目的是促进电能交易和满足电力客户的需要，最终目的是增加企业盈利。

(2) 电力客户服务是无形的和不发生实物所有权的转移的。

3. "电力客户服务"的基本特性

(1) 服务的无形性

电力客户服务的本质是抽象的、无形的。

(2) 服务的不可分性

电力营销服务和电能商品的销售是同步进行的，并且有客户参与。电力客户服务活动的发生，依赖于客户向电力营销人员提供其用电的基本情况和用电需求，也就是电力营销人员提供优质服务的全过程，即客户申请用电、办理业务和使用电力商品的全过程。

(3) 服务的易变性

电力客户服务是不标准的、不稳定的。由于电力客户服务的生产与消费同时进行，使得电力企业无法在其产品到达客户之前对其不足与缺陷予以补救。而且电力服务无法标准化，不同营销、服务人员的行为表现会因人、因时而异，即使是同一人在不同时间所提供的服务也会不尽相同。

(4) 服务的易逝性

电力客户服务对象不能像实体产品那样储存。电力客户服务只存在与电能被销售出的那个时间点。

(5) 服务的广泛性

电力销售具有自然的行业垄断性，电力企业对客户没有可选择性，几乎面向全社会所有自然人和各行各业。因此，电力客户服务具有广泛性。

(二) 电力客户服务理念

随着电力市场由"以产定销"过渡到"以销定产"，市场要求将以生产为导向转变为以市场营销为导向的服务理念。所谓电力客户服务理念，是指以顾客需要和欲望为导向，通过售前、售中和售后服务将电能销售出去，使企业获利并满足客户需要的经营思想，也就是"发现需要并设法满足它们""制造能销售出去的产品"。

1. 电力客户服务的理念与传统理念的区别

电力客户服务的理念与传统理念有着根本区别，它强调"以客户为中心，提供优质、方便、规范、真诚的服务"。归纳起来主要表现在以下几个方面。

(1) 中心不同

传统理念以电力企业为中心，以产定销；电力客户服务理念则强调以顾客需求为中心，按需求组织生产，即以销定产。

(2) 市场在生产经营中的位置不同

传统理念认为产品生产出来以后才开始经营活动，即市场位于生产经营过程的终点，而电力客户服务理念则认为，应以市场为出发点来组织生产经营活动，所以市场处于生产经营活动的起点。

(3) 手段不同

传统理念主要是通过各种手段推销生产出来的产品；而电力客户服务理念强调的是用整体营销手段来充分满足客户物质和精神的需求。

(4) 企业的最终目标不同

传统理念下的企业以获得利润为最终目标，其经营活动以销出产品取得利润为终点；而电力客户服务理念下的企业则以企业成长壮大、稳定发展为最终目标，更重视通过客户的满足来获得利润，因而不仅关心产品销售，而且重视售后服务和顾客意见的反馈，既取得效益，又使客户高兴、满意，进一步促进企业的发展。

2. 树立电力客户服务理念的方法

(1) 全面理解客户服务是满足客户的需求

电力客户服务的核心是满足客户的需求，只有全面理解满足客户需求的内容，才能较好地落实在实际行动之中。

(2) 树立全员参与的服务理念

全员包括电力企业决策者和一线职工。决策者在企业中担负着重要的职责，其指导思想正确与否将直接影响到企业的战略和战术决策，关系到企业的生存与发展，而一个企业营销目标任务的贯彻执行总是最终落在一线职工的肩上。只有企业的每一个成员都树立正确的客户服务理念，并将这个理念落实到具体行为中去，才能将理念体现在整个生产经营的全过程和各个环节之中。

（3）树立长期利润观点

电力企业只能在满足客户的需要之中获取预计的利润，因此不能只有短期目标、急功近利，而要从长计议，把整个企业营销活动看成一个系统的整体过程。不仅要看到市场上存在的、现实的消费者需求，还要分析潜在的需求。为了提高市场占有率，取得较大的市场份额，对于某些有购买潜力但短期内使企业获利甚微或可能亏损的客户，也要经营并提供电力服务，以求得长期利润的最大化。

（4）重组企业内部流程

企业内部的工作流程是由一定的经营思想决定的。在旧的经营思想指导下，以电力企业的需求为中心，电力企业对客户业务实行层层审批制度，环节运行缓慢，信息传递不畅。用电部门与生产、财务等部门缺乏紧密协作配合，没有形成全员营销思想，经常出现互相扯皮的现象。

在以市场为导向的客户服务理念下，电力企业应建立一个以满足客户需求为核心的整体工作流程，实施整体营销服务。客户服务部门接受客户电力需求信息，负责监督协调有关部门进行办理，并将处理结果反馈给客户，内外部信息传递快，审批层次少，工作流程简洁、效率高。同时，整个企业所有机构最终要对客户负责，形成各部门协同配合的大服务格局。

（5）建立现代电力营销服务体系

随着电力客户服务理念的树立，企业的经营管理体系也要相应变化。只有建立一套具有开拓、竞争、创新能力和现代化水平的电力营销服务体系，把对客户的服务贯穿于企业市场营销活动的始终，才能与现代客户服务理念相适应。

二、电力客户服务体系

随着改革开放和社会主义市场化进程的推进，人们的生活质量不断提高，对供电质量及服务有了更高的要求，当前电力企业的服务方式和服务手段已不能满足社会发展的需求。同时，电力体制改革和电力市场的逐渐成熟，要求电力企业全方位的面向市场，努力开拓电力市场，提高电力企业的管理水平和服务水平，提高经济效益。

是否注重客户关系和服务管理是21世纪的企业竞争力的关键，电力企业及时调整电力营销体系和客户服务理念，建立一套具有开拓、竞争、创新能力和现代化水平的电力客户服务体系尤为重要。

市场营销观念及其他新观念则以顾客需求为出发点，以消费者为中心，企业经营的出发点、目标及实现目标的手段也随之发生了根本的变化，称之为现代经营观念。其重点是满足消费的需求，"一切为了顾客需求"是企业制定一切工作的最高准则。电力企业的经营环境正在发生着重大变化，其经营观念也一定要与这种变化相适应，只有这样才能引导企业不断发展。

（一）树立改革创新观念

在市场竞争经济条件下，企业在激烈的竞争中能否生存、发展，最终取决于企业是否具备核心竞争力。而核心竞争力的核心就在于创新，创新是培育企业核心竞争力的根本途径，也是形成竞争优势最重要的动力和源泉。对电力企业也不例外，我们也应该按市场经济规则和要求，调整我们的思维方式、工作方法和经营方针，建立起具有开拓、竞争、创新能力和现代化水平的电力营销服务体系，以优质的电能和高质量的服务满足全社会对电力的需求。

（二）树立市场竞争和效益观念

电力企业走向市场已是定局，原来依靠国家计划平衡的许多重要生产要素已经或正在转向市场，电力企业原本依赖于在国民经济中占有特殊地位而获得的许多优惠政策已迅速消失，同时在某些发展潜力较大的用电市场也出现了越来越多的替代品，使电力企业开始感受到销售市场的压力。

效益观念是企业处理自身投入与产出之间关系的经营思想。企业可视为一个资源转换器，以一定的资源投入，经过内部的转移技术，转换出社会和市场所需要的产品。经济效益是产出和投入之比，这个比率越大，经济效益就越高。效益观念的本质就是以较少的投入（资金、人、财、物）带来较大的产出（产量、销售收入和利润），这也正是我们提倡的集约化经营方式的核心。

总而言之，电力企业必须以市场需求为导向、以优质的服务为手段、以最大限度满足客户需求为中心，树立效益观念，最大可能地实现经济效益和社会效益的统一。

（三）树立优质服务观念

市场竞争归根结底是争夺消费者。有人曾提出，在21世纪，一切行业都是服务业。服务是厂家与顾客面对面的交谈，服务的好坏直接影响到顾客对企业的印象。实际上，顾客通常是根据服务的质量来判断一个企业的整体素质并确定合作的可能及信赖的程度，但凡兴旺发达的企业都离不开高水平的优质服务。

优质服务就是一切从市场出发，急客户之所急，想客户之所想，保电量、促市场，销售产品首先是销售形象。例如，积极协助对大中客户电气设备的检查、维护，为客户检修服务时，在保证质量的前提下，让客户尽快恢复用电，为客户节约成本，电网的检修工作尽可能安排在客户休息日进行。

优质服务给客户带来了方便、快捷和舒适感，能让客户以最快进度用上电，供电企业也能增加售电量，但更体现在树立供电企业良好的市场形象和塑造品牌上，所以我们应该将优质服务工作经常化、制度化纳入企业日常工作的范畴。

（四）树立科技创新和人才开发观念

知识经济的繁荣不是直接取决于资源、资本、硬件技术的数量、规模和增量，而是直接依赖于知识或有效信息的积累和利用。当今世界各国综合国力竞争的核心，是知识创新、技术创新和高新技术产业化，而掌握科技、知识的是人，敢于创新的还是人。

当前我国社会主义市场经济体制已初步建立，但适应市场经济和现代化建设需要的科技创新机制尚未完全建立，依靠科技进步促进经济发展的机制尚未完全建立，科技成果转化率不高，企业缺乏科技创新的积极性，这些都是阻碍企业发展的重要因素。

电力企业在市场经济条件下遇到的种种竞争，最终都归结为技术和人才的竞争。"现代化"和"国际一流"战略构想的实现，要求电力企业具备一流的人才、一流的技术和一流的科技创新体系。不仅要重视对各级领导人才的培养、选拔和使用，更要大力加强营销队伍建设，努力提高营销人员素质，使之适应日新月异的科技发展变化，学会运用高新技术来丰富、完善企业营销服务手段，以一流的人才、一流的技术，创出一流的服务。

（五）树立依法经营观念

市场经济是法治经济，依法经营是企业健康的基础。一方面要严格遵照执行法律规定（《电力法》《电力供应与使用条例》《中华人民共和国价格法》《中华人民共和国合同法》）；另一方面也要善于运用法律手段来维护电力企业的合法权益。

三、建立适应市场经济要求的营销服务体系

（一）基本目标

建立适应市场经济要求的营销服务体系的基本目标是：适应社会主义市场经济的深化改革与发展需要，逐步建立以市场需求为导向，以满足客户需求为中心，以引导客户消费并取得经济和社会效益相统一的新型营销服务体系，实现在客户得到满足并能感到愉悦中获得企业利润的目的。

（二）基本原则

1. 以满足客户需求为中心的全方位服务原则

（1）使客户明白电力企业能向他们提供什么服务，如何提供，提供的原则精神是什么？重要的是要把这些需要客户明白的方面告诉他们。例如，山东电力的"三个转"和"三个一"（客户经理围绕客户转、项目经理围绕客户经理转、供用电服务内转外不转；一口对外、一站服务、一次做好）

（2）在全体员工心中树立起优质服务的企业宗旨，只有全员都树立起以客户满意为出发点和落脚点的服务理念，才能将其较好地落实到具体行动中去。

（3）拓宽服务渠道，延伸服务领域，健全服务网络。

（4）结合实际，因地制宜，依靠体制、机制创新和技术进步，给广大客户提供"零时间、零距离""足不出户，方便快捷"的全新服务方式和服务内容。

2. 集约化和扁平化管理相结合的原则

集约化管理是现代企业集团提高效率与效益的基本取向。集约化的"集"就是指集中，集合人力、物力、财力、管理等生产要素；进行统一配置，集约化的"约"是指在集中、统一配置生产要素的过程中，以节俭、约束、高效为价值取向，从而达到降低成本、高效管理，进而使企业集中核心力量，获得可持续竞争的优势。

扁平化管理是指相对传统的分级负责、多层管理而采取的一种现代组织管理模式。它主要体现在减少中间管理层次，增大管理幅度，从组织结构形态上看呈扁平化模式，因而称之为"扁平化管理"。扁平化管理主要有以下几点优势：①减少了管理层次，从而节约管理成本。②由于减少了管理层次，致使信息传递速度快、失真小。③实现了管理层与操作层直接沟通，相互负责，减少了中间传递协调环节和层次，工作节奏加快，工作效率提高。④由于操作者直接对领导负责，从而提高了操作者的工作热情，激发其工作潜能。

3. 以市场为核心，开拓市场、提高效益的原则

以市场为核心，也就是以营销为核心。市场经济条件下的企业管理一般包括营销管理、生产管理、人事管理和财务管理四大管理功能，以市场为核心，强调其他功能管理应支持营销管理服务于市场，企业的一切经营战略、活动应围绕市场展开。对于电力行业，主要是从人力、组织、资金等方面加强对电力客户以及电力市场的调研和分析，对电力市场进行细分，根据客户的用电规模、行业特点、消费心理等因素进行综合分析，形成电力销售目标市场。

4. 网络化、信息化管理，提高效率的原则

世界的经济与技术正面临一个不连续的年代，在技术和经济政策上，在

产业结构和经济理论上，在统领和管理的知识上，将是一个瞬息万变的年代。

适应网络时代变化的营销组织要求反应迅速、沟通畅通，加强企业内外的协调和互动。实行网络化、信息化管理的目的是用更少的投入获取最大的效益，信息化管理是企业为达到其经营目标而必须借助的一个重要的工具和手段。

对于电力企业来说，网络化自动化管理主要体现在两个方面：第一，企业内部组织网状化。将多层次从上到下的金字塔型的管理系统进行扁平化、内部网络化，重新设计和优化企业的业务处理流程，使企业内部的信息传输更便捷，实现信息资源的共享，拆除传统的一层一级的管理模式，使管理者与员工、各部门之间的交流和沟通更直接，提高管理效率，降低管理成本。这其实是企业在走向网络化、信息化之前应做的工作；第二，信息传递自动化。应用网络技术使电力客户用电请求从受理到办理各环节之间的信息传递以及企业不同层次之间的信息交流效率大大提高。

四、电力客户服务技巧

（一）客户服务技巧的概念和实质

客户服务技巧是一种服务的艺术，而不是一种管理的方法。服务技巧运用得当可以使看似不可能的事情，出人意料地取得成功；而运用不当或无技巧也可能使表面上水到渠成的情陷入绝境。客户服务技巧的前提和基础是真正树立起电力客户服务的理念，如果没有这个坚实的思想基础，很有可能将服务技巧的运用理解为对客户一时的应付或欺瞒，最终会给客户造成伤害，进而影响企业的发展。

电力企业拥有广大的客户群，客户服务技巧直接影响客户服务的效果，客户服务各环节的技巧运用得当就能促进服务流程的运行更加顺畅。

（二）一般服务技巧

一般服务技巧主要指语言交流技巧，这里的"语言"除了口语之外，还指通过某种行为或外在的形象，使客户接收到的一种特殊的、广义的语言信息。主要包括心理语言交流技巧、口头语言交流技巧和形体语言交流技巧等。

1. 心理语言交流技巧

心理语言交流技巧强调必须注意与客户之间心理上的相互回应。服务人员如何影响客户，客户反应如何，而服务人员对客户的反应又是如何回应？依据这些心理上的基本原则行事，就将赢得客户。

受客户信赖的工作人员与客户相处时，具备设身处地体会他人心境的能力。一项服务活动的成败，通常取决于服务人员是否能将其意愿成功地与客户的愿望及问题相协调。要使客户有一种被尊重的感觉，从而刺激客户的消费心理，加深本企业在客户心目中的印象。

2. 口头语言交流技巧

服务人员的态度对客户的想法和将来的选择是非常重要的因素。在口头语言交流中要注意以下几点。

（1）要使用规范的文明用语

国家电力公司明确规定了《文明用语、忌语》

（2）不要说不

电力公司实行"客户服务首问责任制"，即任何岗位的供电职工，在接到客户的任何电话时，都不能说诸如："我不知道""这不是我的事"之类的用语。

（3）使用各种随机性语言

这样更易表现出机智和服务的针对性。在解释客户的问题时，应避免使用本行业内部的专业术语——不要苛求客户精通服务人员的专业知识。

（4）微笑服务

微笑有助于使声音听起来友好、热情和令人接受。同一句话可以说出不同的效果。

（5）语调的变化和音量、语速的控制

语调的变化是声音的上下波动，如果没有这种变化，声音听起来就像是自言自语。音量不宜过大或过小，语速不宜太快或太慢。

3. 形体语言交流技巧

形体语言是一种持久的、非言语的思想交流。国外一所大学对如何从他人那里获取信息的问题进行了专项调查研究。这项研究表明，当和他人面对面时，绝大多数信息来自形体语言，较多的信息来自语调，极少的信息来自话语。

在形体语言交流中要求工作人员要讲究仪表，统一着装，体现出良好的精神面貌，给客户以朴素自然、健康向上的美感和心理上的一种安全感、舒适感，要始终以真挚的感情去接待客户。客户消费心理的养成与经营特色有关，更重要的是与服务人员的服务质量有关。例如要求具体做到：笑脸相迎、主动配合、耐心服务、热情相送。当然，由于各国的文化习俗不同，还应注意身体语言所含的信息也不尽相同。

（三）售前服务、售中服务和售后服务技巧

按服务过程划分，即以发生电能交易为分界点，分为售前服务技巧、售中服务技巧和售后服务技巧。

1. 售前服务

售前服务指电力客户具有用电意向到装表接电过程中，电力企业所提供的服务。主要包括：向客户提供用电业务咨询服务、申请登记、现场勘察、确定供电方案、营业收费、业扩工程设计与施工、中间检查、装设计量装置、竣工验收、签订供用电合同、接火送电、建档立卡及业务变更等工作。

当今的市场趋势是，很难有一种商品长久地、大量地占有固定的客户群，客户的选择性越来越强，讨价还价能力与日俱增。有种观点认为电力客户群是恒定不变的，不存在电力客户流失的问题，这是极其错误的。

售前服务是供电企业客户服务的第一个环节。在此阶段，虽然电能交易还没有发生，但是事实上各项前期费用的交易已经发生了。在这里，不仅要服务当前客户，还要影响潜在客户的选择。事实上一个大客户是选择建自备电厂，还是直接从电厂购电；居民生活是采用燃气方式，还是使用电能；是以电能为主，还是以其他的能源为主——客户服务技巧都将极大地影响客户的选择。

2. 售中服务

售中服务指企业在客户用电过程中所提供的服务,主要包括各类定期服务(如日常营业、电费抄核收、电能表轮换校验等)。售中服务技巧主要强调提供灵活的服务方式、良好的服务态度和必要的服务设施。灵活的服务方式能为客户提供尽可能多的方便条件,良好的服务态度是指在服务过程中说话和气,认真解答客户提出的各种问题,向客户讲明注意事项,指导客户用电。在这一过程中,要避免发生任何对客户不负责任的言行,不能以为已经争取到的客户就不必用心呵护了。应明确一个观点:获得一个新客户的成本比保留一个老客户的成本要大得多。

3. 售后服务

售后服务指企业在客户用电后,通过开展各种跟踪服务改进客户用电质量的活动,主要包括受理客户投诉、征求客户意见、提供紧急用电服务、质量保证、操作培训等。在公用性服务行业,特别是在供电行业,真正的服务始于售后。客户满意观念一定要成为电力职工的自觉意识。售后服务工作可以归纳为两大方面:支持服务和反馈、赔偿。售后服务不仅可以直接影响到客户满意度,还可以对产品销售中出现的失误给予补救以达到客户满意。在电能售后消费阶段,影响客户满意的主要因素包括现场管理的有序性、服务流程的高效率、沟通的有效性。

(1) 现场管理的有序性

现场管理的有序性包括服务人员对营业厅的布置,对客户参与服务的管理、对客户相互影响的管理。有序的经营现场给客户留下的印象是客户判断服务质量的重要依据。

(2) 服务流程的高效率

服务流程的高效率指服务人员向客户提供所需服务的反应要快、服务效率要高。高效率的服务流程可以缩短客户等候服务的时间,可以精简各服务步骤,能够尽快给客户以决策答复,在服务的标准化、熟练度等方面给客户留下好的印象,最终影响客户满意度。

（3）沟通的有效性

服务中的沟通是双向的，既包括服务人员主动向客户介绍参与服务的方法和传播服务的可信任特征，也包括客户向服务人员清晰表达自己的要求。只有取得有效的沟通，才能提供令客户满意的服务。要取得有效的沟通，企业就要通过服务人员的工作帮助客户积累有关知识，帮助客户能够明确提出自身的服务要求，并取得客户的配合，合理提高客户对服务过程的控制力，从而提高客户满意度。

（四）集团消费与个人消费服务技巧

按用电对象，分为集团消费服务技巧和个人消费服务技巧。集团消费泛指企事业单位、私营业主和个体用电，一般单位用电量较大。个人消费是指居民家庭生活用电，一般其单位用电量较小，但是客户群较大。

不同的电力客户有着不同的电力需求规律，电能购买动机的不同，导致了购买行为模式的差异。对顾客分别接待是搞好服务的一项重要原则。分别接待就是有针对性地提供服务，尽可能地满足不同层次顾客的实际需要和心理需要，就是把每一个顾客都当作"个人"来接待。柏拉图成功法则表明：以80%的投入，只能获得20%的成果。进行市场细分，确定目标客户，将时间投入在正确的客户身上，以"20%的投入"可获得"80%的成果"，所以区分哪些人是为电力公司带来80%成果的客户就显得十分重要。

1. 大客户服务技巧

目前，对于大客户的界定方法不一，有的是按变压器容量来计算的，有的是按月度用电量来计算的。此处的大客户主要指对电力依赖性大的制造业客户，这类客户对稳定用电量起主导和支配的地位。其特点是，单位数量少，但其用电量占电力企业售电量的比重大，他们维持着电力市场的稳定。这一部分客户，是电力企业赖以生存和发展的主要支柱。采取的基本策略是重点支持、鼓励他们进行电力消费。在大客户服务技巧上，建立和这些大客户的联系是首要的任务。可供选择的方式有以下几点。

（1）客户公司里重要的活动或纪念日建档，并亲自或以书面方式予以祝贺。

（2）定期拜访并特别的去维系与他们的关系。

（3）成立一个客户咨询委员会，让符合特定条件的客户参加。

（4）成立客户俱乐部，发给客户会员卡，让持卡人享受优待或地位证明。

（5）每个月为特别的客户提供一个特别的优惠服务。

对大客户工作，企业主管人员要亲自抓，例如有的企业就建立大客户管理部。要充分关注大客户的一切公关及促销活动、商业动态，并及时给予支援或协助。大客户的一举一动都应该给予密切关注，利用一切机会加强与大客户之间的感情交流，例如客户的开业周年庆典、客户获得特别荣誉、客户的重大商业举措等，大客户管理部门或相应的职能部门都应该随时掌握信息并报请上级主管，及时给予支持和协助。

2. 中客户服务技巧

中客户，指用电量适中、需求稳定的那部分客户，其单位用电量小于大客户，但数量超过大客户。作为开拓电力市场的重点目标，他们是电力市场的主要增长点，对实现售电量目标至关重要。这一群体包括中小企业、私营业主、个体经营者等，仔细观察这些客户是值得的。采取的策略是积极扶持用电，培植电力市场新的增长点。

纵观目前国内消费市场不难发现，绝大多数厂家和商家在启动服务时都存在滞后的现象，即采用"补救性"服务明显多于采用"前瞻性"服务。简言之，企业似乎更愿意在商品售出后对用户进行跟踪服务，而不习惯在消费者选购阶段就及早介入、提前引导。这不仅遏制了企业在引领消费方面的主观能动性，而且也使得消费者因缺乏有针对性的指导而不能随心所欲。针对这一客户群，电力部门应该在其流露出用电意向前即先期介入，真诚地为他们设计出科学合理的用电方案，根据需求进行"度身定做"。

3. 居民客户服务技巧

居民客户的特点是，较之大客户和中客户，他们用电量小，但数量庞大，服务环节复杂，一般以家庭为用电单元。这一群体一般不具备电力专业知识，缺乏基本的用电常识，管理难度比较大，容易发生用电损耗，也是投诉的高发群体。对待这一群体，要采取引导和刺激消费的方式，调动他们的用电热情，挖掘他们的用电潜力。主要途径有以下几点。

(1)"一对一"的服务

随着居民生活用电占社会用电量比重的不断提高，开拓居民生活用电市场，已成为挖掘用电潜力的重要措施之一。为鼓励居民多用电，市场细分到户，服务到家，已经成为通行的做法。如近年来，实施居民用电"一户一表"工程、电气化居民小区、电气化村（镇）等，与营销服务相结合，开发了重要的电力增长点。某电力公司确定了对居民客户月用电量实行梯度电价优惠的政策，取得了良好的效果。

(2)"顾问式"的信息咨询

及时地传递有关核心产品的信息，可以缩短客户寻找信息的时间，促进产品的销售速度。除通过广告提供一部分信息之外，企业还可以通过服务人员、小册子及公告提供一些信息。近几年又出现了更先进的方式：如使用录像机、触摸屏和计算机网络，这些方法都可以满足客户的信息咨询要求。在信息咨询方面，特别要强调服务人员与客户之间的直接交流。这种对话的方式不但有效而且富于人情味，可以促进企业与客户之间的关系。在这个过程中，服务人员应对客户所处的形势有一个清晰的了解，引导客户说出他们自己的困难，并引导他们解决问题。

(3)"实物化"的演示

用电操作与使用都要符合一定的程序，违反技术操作有时会危及人们的人身安全，因而用户在新上电后非常希望了解如何操作使用以及有哪些注意事项。特别是居民客户在正确使用电器方面存在较大的局限，充分利用宣传册、演示传授操作技术是十分必要的。当前，许多电力公司的客户服务中心里都设置了电器演示室，并配备了专门的人员。演示操作与解说作为客户服务活动中的一个重要组成方面，应该让客户花费最小的气力来学会如何操作和使用，特别是技术复杂的设备，服务人员更应该讲究这方面的技巧。

(4)"社交化"的联系

社交联系即企业主动与客户保持联系，不断研究和了解客户的需要和愿望，向客户赠送礼品和贺卡或者建立用电联谊会等，表示友谊和感谢。建立

"社交"联系能够"不间断"地了解客户的需求和意见,以便向客户提供更满意的产品和服务。窗口单位服务人员要做客户"可亲、可爱、可信、可交"的朋友,做超出业务之外的朋友。

(五)提高型服务技巧和补救型服务技巧

按服务功效,分为提高型服务技巧和补救型服务技巧。企业与顾客之间的一切往来都是为客户服务。这些服务一般体现为两种形态:一种是通过服务让客户由衷地感到满意,甚至愉悦,这种"锦上添花"式的服务技巧,可以概括为提高型服务技巧;另一种是通过服务活动,纠正工作失误,消除负面影响,这种"雪中送炭"式的服务技巧,可以称之为补救型服务技巧。

1. 提高型服务技巧

提高型服务技巧是以向客户提供超值服务为手段,以让客户满意乃至愉悦、提高忠诚度为目的,应用范围十分广泛。可列入提高型优质服务表现如下。

(1) 对客户的问询以及客户碰到的难题迅速做出反应。

(2) 昼夜服务,及时回访客户,采取一切措施简化业务往来。

(3) 公司上下各部门员工,都同客户友好相处。

(4) 尽量为每个客户提供有针对性的个别服务。

(5) 对产品质量做出可靠承诺。

(6) 在所有交往中表现出礼貌、体贴和关心。

(7) 永远做到诚实、尽责、可靠地对待客户。

(8) 让客户的钱始终能发挥出最大的效用。

2. 补救型服务技巧

补救型服务技巧是在非正常情况下,采取应急措施消除客户负面情绪、挽留客户的服务技巧。在客户服务工作的关键环节,起到出奇制胜的作用。在通常情况下,投诉是难以避免的。在公用性行业中,顾客投诉更是屡见不鲜的,并且这种投诉通常被认为是带有明显敌意的行为。投诉必定发生,但如果处理得当,弥补损失使客户感到愉悦,坏事又何尝不能变成好事?妥善处理客户投诉——补救错误的技巧,是格外值得注意和研究的。

(1) 客户抱怨的原因

了解补救型服务技巧首先应提一个问题："客户为什么抱怨?"对供电力企业来说，客户抱怨一般有以下几种因素：①提供的电能品质不良。②提供的服务欠佳。③服务效率低。④工作质量差。⑤缺乏语言技巧。

(2) 善待抱怨

客户抱怨，出于对企业抱有可贵的信赖与期待，同时，也提示了企业的弱点所在，帮助企业发现种种不安全的因素。

每留住一位客户，也就等于免去了为赢得一位客户所花费的精力和其他的投入——牢记这句话，你将有勇气面对来自客户的愤怒，并且迈出平息客户愤怒的第一步。只要客户投诉，就不必指望这种负面能量以很温和的方式发泄出来。有时客户投诉是为了解决用电中的某个具体问题，有时则纯属想发泄被压抑的情绪，有效解决愤怒反应需要相当的人际关系技巧。

(3) 摆脱困境

当企业对客户犯了错误时，补救的主动性可以帮助客户恢复他们失去的尊严、信心或信任。此时的任务不仅是要解决问题，还应利用时机让客户确信企业将致力于提供最高标准的服务。

供电企业经常接触的投诉主要有两种：一种是直接对话投诉，如通过电话或找上门来投诉；另一种是不直接对话的投诉，如书信投诉。在应对第一种情况时，至少应该注意以下几点：第一，要乐于倾听，即使要作解释或辩解，也一定要留出时间让客户倾诉他们的不满；第二，倾听完投诉，负责接待的人员必须立即表态。首先表示真心实意的感谢，把投诉看作对企业或部门的爱护；其次拿出处理意见，若不能立即解决的也应向客户保证在一定时限内处理，在这里切忌轻易许诺。对信函投诉，应记下对方的通信地址，在处理时限内尽可能快地处理完毕后，立即向投诉人反馈。在对客户提供服务的过程中，有一些有助于弥补损失但又事半功倍的办法，如专门设立客户投诉接待室，让客户坐下并提供一杯茶（对客户的心理研究表明：人们在站着时更有可能侵犯到别人的空间，因而显得有威胁性）；真诚地说一句"对不起"，把自己放到客户的利益那一方，使客户感觉到你对他处境的理解；可以从批发商那里低价批量购买一些礼物，专门用来弥补客户损失时作为赠送的礼品；也可以把弥补客户损失当作一次推销活动。例如，可以赠送免费礼券，希望客户再购买更多的电能时少支付一部分价格。

3. 对待挑剔的客户

不可否认，客户并不总是通情达理的。但是，在任何时候也不要轻言放弃，因为留住了客户，就是留住了市场。如果遇到爱挑剔的客户，也要婉转忍让，至少要在心理上给这样的客户一种如愿以偿的感觉。对于如何争取挑剔的客户，专家提出了六个步骤。

（1）让客户发泄

当客户烦恼时，他们想要做两件事：首先，他们想表达自己的感情；其次他们想解决问题。如果试图阻止他们发泄，将使客户的烦恼升级为愤怒。服务人员确实需要让客户知道服务人员是在用心去听他们的烦恼。切忌把它看作是针对自己的，服务人员仅仅是他们要发泄的对象。

（2）避免陷入负面情绪之中

与挑剔的客户之间的摩擦经常会因服务人员如何理解他的行为而使事情变得更糟。面对一个挑剔的客户时，当一个服务人员想："怎么遇上了这么不讲理的人！"这时，一种看不见的负面情绪就来到了服务人员和客户中间。从此，对待客户的方式就会因负面情绪而被扭曲。走出负面情绪的方法就是转入服务情绪。服务人员可以通过问自己这样的问题来达到这一目的："这位客户需要什么，我如何才能满足他的需求？"通过改变所注意的目标，就会找到需要解决的问题。

（3）表达对客户的理解

简要而真诚地对客户表示理解，会产生奇迹，使客户平静下来。虽然服务人员并不一定同意他们烦恼的原因，但已经架起了与客户之间的桥梁。

（4）积极解决问题

帮助客户澄清问题的症结所在，不要犯经验主义的错误，而错过了特殊的细节。要收集所需要的任何附加信息，重复检查所有的事实。

(5) 找到双方一致同意的解决方法

不要许诺做不到的事情,当告诉客户您要做什么时,一定要诚实、实际。

(6) 跟踪服务

通过对客户的跟踪服务,如打电话、发邮件或写信等方式来检查解决方法是否有效,并继续寻找更合适的解决方法。

五、电力客户服务技术的支持系统

(一) 电力客户服务技术支持系统简介

为了适应电网商业化运营,不断开拓电力市场,需要运用现代通信网络技术,建立现代电力客户服务中心体系。通过现代电力客户服务中心为客户提供用电报装、电费查询、事故抢修、咨询和投诉等服务业务。

电力客户服务技术支持系统是基于电话、传真机、互联网等通信和办公自动化设备的交互综合信息服务系统。客户可以通过电话接入、传真接入、访问互联网站等多种方式进入系统,在系统语音导航或人工坐席帮助下访问系统的数据库,获取各种咨询服务或完成事故的处理等。

(二) 电力客户服务中心实现的功能

1. 基本功能

电力客户服务技术支持系统实现的基本功能包括电话服务功能、传真服务功能、E—mail 服务功能、短信息服务功能、全数字会议服务功能、传呼服务功能、基于 Web 的服务功能以及坐席呼叫服务功能等。

2. 业务功能

电力客户服务技术支持系统实现的业务功能包括用电业务咨询、电力故障抢修、用电业务查询、电力业务受理及其他功能等。

(1) 用电业务咨询

客户通过电话或互联网上的浏览方式得到所需的信息。客户电话拨入后,系统自动语音提示,通过按键与系统进行交互,客户自助查询所需资料,包括电力政策法规、业务处理流程、电量电费、停电通知、服务措施等。客户也可以选择坐席代表进行人工咨询，还可以通过电子邮件、短信息、网上下载等方法从互联网上获得所需的信息资料。用电业务咨询的内容主要有申办用电业务、办理业务申请手续、用电新装及增容、过户、电表故障、移表、拆表和改电价等杂项，电力法、电网调度管理条例、供电营业规则等有关法规条例的查询。

（2）电力故障抢修

通过呼叫中心人工坐席应答，受理各类电力故障报修并迅速做出反应。系统能根据故障地点、性质以计算机网络流程、电话、短消息等方式通知相关抢修部门进行抢修。故障处理完毕后，将恢复供电信息反馈给客户并接受客户监督。

（3）用电业务查询

用电业务查询通过人工交互式受理。受理人员根据客户要求，从服务质量标准数据库、电费数据库和其他相连的数据库查询资料，然后通过语音方式播报资料或送到客户指定的传真机或其他终端设备上。用电业务查询的主要内容有电价查询、电费查询、电费单查询、欠费查询，所申办的业务办理进程查询、故障申告处理结果查询、客户投诉处理结果查询等。

（4）电力业务受理

电力业务受理是通过电话人工应答或互联网上录入信息，受理客户的各类新装、增容等用电业务，形成工作任务单，传递到电力营销管理信息系统流程进行处理。处理完毕后，将受理情况通过网络反馈到客户服务系统，形成闭环流程管理。所受理的业务内容主要有：居民用电新装及增容，低压三相、动力用电新装及增容，高压用电新装及增容，客户改名、过户，电表故障、移表、拆表等。

（5）其他功能

包括客户投诉与建议、欠费催缴与信息通知、停限电预告、业务监督以及客户服务数据分析等。

第三节 电力自动抄表与客户交费支持系统

一、电力自动抄表系统

(一) 电力自动抄表系统概述

电力自动抄表系统是指由主站通过传输媒体，即无线、有线、电力线载波等信道或IC卡等介质，将多个电能表用电能量的记录信息自动抄读的系统。电力自动抄表系统不仅解决了抄表难的问题，而且提高了电力系统防窃电的能力和电力企业现代化管理的水平。目前有以下几种自动抄表系统。

1. 远红外手持抄表系统

远红外手持抄表系统是一种利用红外线为载体来传送数据信息的抄表系统。

2. 电力线载波抄表系统

电力线载波抄表系统是一种利用电力线作为通信介质进行数字通信的自动抄表系统，具有无需特殊施工和成本低廉的特点。

3. 无线电抄表系统

无线电抄表系统是一种基于全球移动通信网络所提供的短信息和数据业务等传输功能，来完成对所采集的数据快速、准确地传输的一种自动抄表系统。

(二) 电力自动抄表系统的原理及应用

改革开放以来，随着我国社会经济的快速发展和科学技术的不断进步，电力系统智能电网、数字化营销网络建设突飞猛进。智能化、数字化和自动化的网络技术在电网建设和用电业务领域中的开发和应用也日益深入。在数量庞大的居民用电业务中建设和应用电力自动抄表系统，有利于提高工作效率；有利于杜绝人工抄表所带来的漏抄、误抄、估抄问题；有利于减少跑冒滴漏，堵漏增收；有利于提供方便快捷的居民供电服务。自动抄表系统的结构主要由电能表、采集器、数据传输通道和主站系统构成，分为硬件和软件系统。

1. 自动抄表系统的硬件设备及功能

(1) 低压电力线的基本传输特性及通信技术

简单地说，影响电力载波传输质量主要有两个因素：一个是电力网络的阻抗特性及其衰减；另一个是噪声的干扰。第一个因素制约着信号的传输距离，第二个因素决定着数据传输的质量。低压电力网的噪声干扰主要由配电变压器和用户装置产生。噪声基本来源为通用交、直流两用电机，带有可控硅的调光装置，电视接收机等，这些设备产生的背景噪声包括随机噪声平滑频谱噪声以及工频谐波噪声等。以上可以看出，载波传输系统所处的环境是很恶劣的，所以应采取某些措施消除噪声，特别是脉冲噪声对数据传输的影响。

国内厂家生产的载波采集模块大部分是基于FSK调制技术的，部分厂家使用的是扩频技术。相对于采用扩频技术的模块而言，基于FSK调制的采集模块的优点是成本较低，实现比较容易，但其缺点也比较明显，即抗噪声干扰和抗谐波能力相对较差。对于采用扩频技术的采集模块，由于采用具有宽带传输特征的扩频通信技术，使得系统在抗干扰能力方面有了较大幅度的改进，使得抄表系统的可靠性得到了一定程度的提高。

实践证明，为适应不同电网结构、不同居民区以及不同时间剧烈变化的负荷的实际要求，不论是FSK调制，还是扩频调制的电力线载波系统，都必须针对具体情况，通过接力或加大功率（在允许的范围内）等措施延长传播距离和提高传输可靠性，以实现全天候可靠的电表数据抄收。

(2) 载波电能表的系统功能

载波电能表的抄表系统指每块表内均安装一块载波采集模块，每个采集模块完成电量的数据采集计算，并通过低压电力线与设在变压器副边侧的集中/转发器进行通信。电能表内置数据采集器，可通过编程抄表器进行红外编程设置和抄表；可抄录并保存不同时刻的冻结电量。系统具备自动统计中继路径功能，可对各中继路径进行筛选、记忆、优化，快速实现网络重构。动态中继有效地扩展了通信距离，大大地提高抄表成功率。

(3) 信道的系统功能

主信道（上行）一般采用 GPRS 或公用电话网，集中器与载波电能表之间（下行）采用低压电力线载波。该载波电能表是由电能表加载波模块组成，其主要优点是充分利用电力线资源，无需重新布线，技术先进，是抄表技术的发展方向。

(4) 载波集中器的系统功能

系统的核心单元集中器采用支持 DSP 运算的高速 64 位 CPU，并可实现用户定制程序的远程升级及远程参数优化。

集中器除记录电能量数据外，还具备配变低压侧三相电压曲线记录、电压合格率统计及断相记录等功能，也可用来对配变的运行状况进行远程监测。集中器具备级联功能，可通过 RS-485 信道将安装小区内的相邻多个集中器级联起来，再利用同一个上行信道（如一根电话线或 GPRS），实现多个集中器数据的远程抄读，节省投资；可通过远程信道接受用电管理计算机的参数设置和抄表；可抄录已存入集中器的数据，也可点名实时召唤用户数据；可对配变下的所有用电数据进行抄表与管理；最大容量：1024 户；可按编程设定的时间或时间间隔或抄表日循环抄收各电能表的数据。集中器通过下行 RS-485 总线与配变多功能电能表（配变总表）连接，可借用系统信道实现配变各种运行数据的远程抄读与监测。如：电量、需量、电流、电压、频率、功率因数等。

集中器的技术指标有：①内置工业及一体化 Modem 或 GPRS 模块，通信速率理论为 2400b/s 或 384kb/s。②带有自动实时路由功能模块，可实现多级中继。③电源：50Hz，220V±20V。④功率：≤5W（静态），≤10W（发射）。⑤温度：-40~85℃。⑥支持红外 PDA 手持抄表器。⑦提供 RS232、RS485 接口。⑧可通过串口升级或短信下发数据升级程序。⑨使用低功耗高性能的 CPU 做处理器，64 位内部数据总线，128KBSRAM，512KBSRAM，可高速处理协议和大量数据。

2. 自动抄表系统的软件设备及功能

自动抄表系统的软件即主站系统，可接受 GPRS 卫星时钟对时，确保主站系统及集中器时钟准确；通过定时广播校时，确保表计尤其是多费率表计的时钟准确，并可对时钟超差的表计做上标记进行及时报警，解决了普通多费率电能表时钟及时段费率参数发生错误而无法及时发现的不足。而对于普通多费率表，电力用户最为担心的恰恰就是电池失效、晶振超差等导致的时钟及峰谷时段参数不准确等问题。系统集电子技术、数字通信技术及计算机网络技术于一体，全面适应中国电网环境、性能卓越、符合全球技术发展趋势。系统采用最新的基于数据压缩宽频通信理论的电力线载波通信技术，数据压缩传输使传输效率大大提高，更容易避开干扰的影响；系统采用宽频传输，即并不在某单一频点上传输信息，不存在同频干扰的问题。系统具备电力线载波接收增益自动调节控制功能，提高了信噪比和接收灵敏度。由于采用了独特的高压保护电路，本系统可以经受6000V雷击脉冲和4000V脉冲群的攻击。系统具备自动判相功能，能自动记录各表计终端所在的相位并用于实现三相用电平衡分析。动态中有效地扩展了通信距离，大大地提高抄表成功率，系统投用时间越长，网络拓扑信息越丰富，故具有"越用越好用"的特点。系统抄表成功率可达100%。系统还具备实时中继技术，如果台变中有一块表远离台变（d>2km），系统可以用独到的实时同步中继技术来传送数据，使整个系统实现完全自动化管理。

二、电力客户交费支持系统

电力客户交费支持系统就是利用各专业金融机构，通过电话银行或网上银行实现电力客户交纳电费的系统。随着计算机技术、网络技术的发展，将电费这种内容单一、流程简单的工作交给专业的金融系统处理已经成为可能。电力客户交费支持系统主要有以下两种形式。

（一）银行代收电费

这是一种利用计算机和网络技术实现与银行联网的缴费系统，主要模式有以下几种。

1. 银行代扣电费

银行方根据电力企业提出的交费要求，依据电力客户每月发生的电费，从电力客户的银行账面上划出相应的金额到电力公司的账面上。

2. 银行代缴电费

银行方根据电力客户提出的交费要求，按客户拟订的金额，从客户的银行账面上划出相应的金额到电力公司的客户电费账面上。

3. 银行托收电费

由供电企业根据结算电费收据按单位填写托收电费凭证，汇总后交送银行，银行在收到电费划拨凭证之后，与付款单位账单核对相符后，即将电费额由付款单位划拨出并转记到供电公司指定的账号上。

（二）客户自助交费

客户自助交费就是客户基于银行或收费单位的网络系统，无须面对交费人员，通过电话、计算机等网络通信终端设备完成交费。自助交费的基本方式有以下几种。

1. 电话交费

客户通过拨打银行的客服电话，通过电话银行交费。

2. 网上交费

客户访问银行的网站、通过交费网页交费。

3. 自助查询终端交费

在银行营业大厅、自助银行营业厅的自助查询终端上通过触摸屏交费。

4. POS机交费

在与银行联网的各种营业网点或安装有银行交费POS机的场所，客户刷卡完成交费。

第四节 电力负荷管理系统

一、电力负荷管理系统的组成

电力负荷管理系统是由一个电力负荷管理中心、若干远方终端和通信信道组成的系统。电力负荷管理中心是整个系统运行和管理的指挥中心，负责整个系统的管理和控制。远方终端主要负责数据采集、通信、对重要数据予以显示、对重要情况进行报警、进行终端控制以及保电等。通信技术目前有无线通信方式和有线通信方式两种。

二、电力负荷管理系统的功能

根据电力负荷管理工作的特点和系统的总体目标要求，电力负荷管理系统具有以下功能。

（一）数据采集及控制功能

数据采集是指通过终端设备采集用户的用电数据，然后将这些数据送到中心站，并以此为基础进行数据分析和完成终端控制。

（二）远方抄表功能

远方抄表功能是通过一定的接口将与终端相连的电表数据召测到主站。远方抄表功能用系统代替了原先繁重的人工抄表，使抄表的数据种类、数据量以及抄表次数等都较人工抄表得到了改善。

（三）远程购电功能

远程购电是电力负荷管理系统的一个重要功能。供电公司在实现远程购电时，必须与客户签订订购电合同，并且在供电公司内部建立合理的、便于操作的购电流程，建立流程档案等。实现购电的方式主要有电量制购电和电费制购电两种。

（四）计量异常监测功能

利用负荷管理系统丰富的数据资源，对客户的用电情况进行监测，对用电异常情况及时地给予报警，起到监测用电异常的作用。监测手段主要通过终端交流采样模块采集保护回路的电压、电流、电量等数据，对数据进行分析，并与计量回路电表的脉冲数据进行比较，判断计量是否异常。

（五）集抄功能

集抄分为变电站集抄和居民集抄两种。居民集抄是通过系统的终端设备将集中器内的各种表的数据传送到中心站，再送到相关部门。变电站集抄是通过系统的终端设备将变电站内的各种表的数据传送到中心站，再送到相关部门。

（六）线路计量异常监测功能

线损是分析线路异常的重要指标。通过用电监测，可以帮助分析和查找线损的主要原因，为降低线损、提高供电质量提供大量的数据依据。

（七）电压质量监测功能

电压质量监测功能是通过对电压监测点的电压数据采集以及对这些数据分析，提供一系列电压监测数据。

三、电力负荷管理系统的应用

随着市场经济的迅速发展，电力市场的需求不断扩大，传统的简单的电力负荷系统已经不能满足供电公司的需要。电力负荷管理系统由于电力营销和管理的需要而被越来越广泛地应用。

我国从20世纪80年代中期开始广泛推广和使用电力负荷管理系统。电力负荷管理系统的应用，使对用电户的控制和管理变得简单可行，实现了对大用户的远程控制。从长远来看，根据本地的用电情况，建立起负荷自己特点的电力负荷管理系统，使电力管理深入用户势在必行。

（一）电力负荷管理系统概述

1. 电力负荷管理系统的诞生背景

一般来说，电力负荷管理系统诞生的主要原因是电力供需矛盾的不断加剧。电力负荷控制系统早在很久以前就在国外兴起，主要用来通过合理的峰谷电价差异，调动用户参与电力系统调峰，它是利用自动控制技术，对用户的部分用电设备进行远程控制，使用户用电尽可能地避开用电高峰期，在低谷时用电。这样既有效实现了用电平衡，为电力部门减少发电压力，又可以降低用户的用电成本。

推广电力负荷控制系统，是提高电力使用效率的必要方法，也是现代化电力管理的必要手段。通过推广电力负荷管理系统，可以真正实现"限电不拉闸""限电到户"，电力资源的利用率将大大提高。

2. 电力负荷控制装置的发展概况

电力负荷控制装置大致可以分为以下几种。

（1）长波电台负控系统

这个系统是把各地电力负荷控制信息集中到中央电力局的负控中心，然后将处理后的信号发射到 BBC 电台，再由 BBC 电台向各地发布指令，但是这个系统只适合国土面积比较小的国家，目前在我国这样幅员辽阔的国家还不适用，因此我国没有采用这种装置。

（2）音频负控系统

该技术已有几十年的应用历史，它主要利用音频传输控制信号，具有较强的可靠性。然而技术复杂，需要较高的技术和投资，在中国难以广泛应用和推广。

（3）电力线载波负控系统

利用用户的电力线载波作为传输工具对负控信号进行传输。但是电力线容易受到外界干扰，这就导致了传输信号的可靠性受到影响，且传输率较低。

3. 电力负荷管理系统在我国的发展现状

到目前为止，我国的电力负荷管理系统正呈现出逐年增加的趋势，其中无线电负控系统占据了绝大比重。无线电负控系统是利用无线电作为传输通道进行信号和指令传输的管理系统。无线电负控系统的特点：属于集中控制系统、系统容量大、调整配置灵活、扩充容易。

（二）电力负荷管理系统的管理实践

1. 负控管理

负荷控制是电力负荷管理系统的一个重要功能，在许多方面发挥着巨大作用。在用户效益方面，负控系统可以将用户的用电信息、停电情况等提前告知用户，以便用户提前做好准备，便于生产安排。在发电效益方面，负控系统能够有效解决调峰，改变谷峰发电和用电的矛盾，减少发电压力。在供电效益方面，可以降低购电费用，通过系统对市场的分析和预测，为电力的经济运行提供参考和支持。在社会效益方面，可以在全社会范围内稳定用电秩序，减少甚至避免电荒发生，为社会提供准确快捷的用电信息。

2. 远程自动抄表

远程自动抄表作为电力负荷管理系统功能的一个延伸，已经广泛应用于电力工作中，它可以有效避免以往传统人为抄表时容易出现的错抄、漏抄等现象，提高抄表的准确性和真实性。特别是用电大户，人为抄表很难做到面面俱到。而远程自动抄表就可以做到每天定时抄表，并且将数据实时反映到数据库，为用电结算创造条件。

3. 查处窃电

由于许多不确定因素的存在，传统的方法对于窃电这一行为已经不能进行有效查处。而电力负荷管理系统全程都实施监控，使窃电者无处遁形。

4. 负荷电量分析、预测

电力负荷预测的准确性对电力管理来说是十分重要的，基础资料、预测手段等都会对其准确性造成一定的影响，在这些因素中，影响最大的就是基础资料的准确性。负荷管理系统所收集的基础资料都是最原始的准确资料，有利于电力负荷预测的准确性。

5. 计量监测

电力负荷管理系统能够实现对计量装置的实时监测，对于计量装置出现的误差或者一场现象能够及时发现，并且通过分析电量波动判断计量运行是否正常。

（三）电力负荷管理系统的发展

1. 系统组网方式的更新

电力负荷管理系统早期的数据传输是通过无线电实现的。而现在，随着固定电话网和移动网络的不断发展与壮大，网络覆盖的面积也越来越广，这样一来，就实现了无线与有线技术的有机结合，使原有的系统组网变得更加充实，许多漏洞和缺陷得以弥补，为电力系统的进一步完善和发展提供了可靠的技术支持。

2. 系统功能的提升

电力负荷管理系统在其发展过程中，系统功能得到了很大的提升，特别是在应用领域的扩展上。

（1）实现远程抄表

利用电力负荷管理系统的远程抄表功能实现对用电户的远程监控，抄表的准确率得到了很大程度的提高，使得以往抄表工作最大、易出错等问题得到了有效的解决。

（2）监测公用配电变压器负荷

公用变压器如果超负荷运行，会造成变压器烧毁等严重后果。电力负荷管理系统能够对公用配电变压器进行实时监测，避免超负荷运行。

（3）实时监测电压

可以随时监测和报告电压状况，及时发现和处理异常情况，对于电能质量的提升和用电安全的保障都起着重要作用。

（4）计量台区电量

电力负荷管理系统可用来对供电台区不同时段的总供电量进行统计和监测，加强台区的线损管理。

综上所述，电力负荷管理系统作为新兴的电力管理系统有利于我国安全有序用电秩序的形成，其发展和应用在电力营销现代化中起到了越来越重要的作用。

第三章 数字化时代电能运营管理

第一节 电力营销大数据智能分析技术

现代生活发展迅速,人们的生活节奏也在不断地加快,究其原因是科技的发达。先进的技术充斥着人们的生活,大数据也伴随着这些技术的产生而诞生,所以说大数据是无处不在的。

大数据技术对人类用处极大,它可以用来预测商业的走势、医学中疾病的研究、路况的分析和犯罪率的统计等。可以说大数据已经渗透到我们生活的方方面面。

就拿人们平时用的智能产品来说,它既可以看作是一个数据存储器,同时,也能看作是多媒体化的数据展示平台。这个平台我们是可以用肉眼看到的。比如说,如今学校老师的教学模式已经从传统的板书变成了现在的与多媒体教学相结合的教学模式。

表3-1是电网集约化的含义。

表3-1　　　　　　　　　电网集约化的含义

电网集约化的含义	在输电网这一关键领域,集中一切资源建设坚强的国家电网,构建电网企业赖以生存的物质基础,在更大的范围内实现资源优化配置
	促进技术创新,实现电网技术装备的现代化
	大力推进公司体制、机制和管理创新

续表

电网集约化的含义	优化管理流程，强化过程控制
	充分发挥信息技术在集约化管理中的作用。电网公司实施集约化管理的目的就是要完善公司决策体系，强化公司管理，提高资产运营效率，实现公司价值最大化

一、电力大数据

（一）大数据概念

大数据，顾名思义，是指庞大的数据量，又可以称之为海量数据、大型资料、数据库、数据集合。由于它的应用范围很广，各行各业对它都有自己的理解和概括。大数据的表面理解比较浅显简单，就指一种数据群。但这个数据群的范围很广很大，令人难以想象。大数据深层的含义比较难以概括，它可以是一种技术，也可以是一种新型概念，还可以是一种处理人类生活生产的方法。概括来说，大数据指的是，所涉及的数据量规模巨大，以至于人工无法在合理时间内收集、管理、处理并最终整理成为人类所能理解的信息。大数据不仅是一项由多学科、多领域结合而成的综合性技术，也是一种哲学观，一种方法论，有其哲学基础。大数据是协调人类精神和外在物质世界的媒介和手段，它适合于认识统计规律和混沌规律。

电力大数据指智能电网在发电、配电、输电、营销及管理等各个环节产生的大量数据。由部署于各种设备上的大量传感器、安装在各用电户家中的智能电表、营销系统收集的客户反馈等数据源产生并汇聚到集中的数据中心统一存储管理。电力大数据是建设稳定、可靠、高效、节能的智能电网的支撑性元素之一。分析电力大数据，能够提升智能电网的精益化管理水平，制订更科学的生产计划，优化能源输送调度，建立更准确的用户用电行为模型等。

大数据技术的意义着重于对数据专业化的处理。它要以高效的方式处理大量的数据。适用于大数据的相关技术有大规模并行处理（MPP）数据库、数据挖掘电网、分布式文件系统、分布式数据库、云计算平台、互联网和可扩展的存储系统。

（二）电力大数据的特点

1. 大量（Volume）

随着智能电网建设的持续发展，各种终端数据收集设备仪器得到广泛的应用，通过这些仪器设备所采集的数据规模庞大到呈指数级激增的态势。

2. 多样（Variety）

传统模式下的数据种类呈现出结构化的特征，而互联网的发展导致其产生的数据的种类急剧增加，出现了大量的半结构化、非结构化的数据，比如，音视频资料中所产生的数据就包含这种特性。同时，数据类型的多样性要求存储和处理技术的多样性。

3. 高速（Velocity）

电力大数据的高速主要体现在两个方面：一是采集，二是处理。由于数据的数量以及种类的庞大，这就要求数据的采集和处理的高速，以此提高工作效率。

4. 价值（Value）

电力生产中所采集的数据都是日常工作的核心，数据是大数据时代的主体。人们日常的生产生活都离不开数据，所以大数据在互联网时代是极具价值的。

二、电力大数据营销及智能分析技术

大数据营销，又称为数据驱动型营销，是以多平台的大量数据以及大数据技术为基础，应用于互联网广告行业的一种营销手段。大数据由各类传统结构型数据及互联网中非结构型数据组成。营销部门想要实现最高的数据利用率，其方式是将大数据与公司内部数据有机结合。

数据分析技术包括数据挖掘、机器学习等人工智能技术，应用于电网安全在线分析、间歇性电源发电预测、设施线路运行状态分析等方面。鉴于电力系统安全稳定运行的重要性以及电力发、输、变、配用的瞬时性，电力大数据需要更精确的分析结果。

电力企业是现代社会公共事业服务行业。为广大用户提供更好更优质的用电服务，是电力企业目前追求的目标。这就促使电力企业开始探寻、尝试和应用现代主流创新技术，使其服务转型与升级得到快速的提升。智能电网建设的不断推进，致使电力企业在发电、输电、变电、配电和用电各个环节产生了海量的数据。但是，这些数据在系统间分布复杂，运用传统的数据处理分析方式已经难以处理，难以达到电力企业对智能电网运营分析的标准。所以，这就需要运用大数据智能分析技术来处理这些海量杂乱的数据信息。

随着人们生活水平的不断提高，居民用电在整个社会用电量中所占比重日益增加。电力企业需要更好地了解居民用电消费习惯，改善电力企业的供电服务。由于没有技术手段的支持，传统的数据分析主要集中在数据统计的可视化展现，对数据的分析挖掘能力较为欠缺，少部分数据分析功能也是采用传统的趋势分析、比较分析、散点图分析等方法，而且分析的数据集过于单一，准确性较低。随着大数据技术的深入研究，对海量数据分析处理能力逐步提高，能挖掘居民用电数据更多的价值，在电力数据、气象地理信息、社会经济等多源数据融合分析的基础上，派生出新的应用，给电网可靠运行和精益化管理带来新的技术，同时，极大地促进了对用户服务水平的提高。

三、几种常见的智能数据分析法

在大数据时代，虽然传统的智能数据分析法已经不能顺应时代潮流，但是依然有一定的相似性，相关理论和技术依然可以沿用。这些理论包括如下几种：

（一）决策树

这种数据分析方法需要以信息论为基础。这种方法实现的输出结果容易理解，不仅精确度较高，效率也高，缺点就是不能分析处理复杂的数据。

（二）关联规则

这种方法主要被用于事物数据库中，通常带有大量的数据。目前，这种方法被用来削减搜索空间。

（三）粗糙集

这种数据分析方法能够对数据进行主观评价，只要通过观测数据，就可以清除冗余的信息。

(四) 模糊数学分析

这种数据分析方法能够对实际问题进行模糊的分析，与其他的分析方法相比，可以得到更为客观的效果。

(五) 人工神经网络

这种数据分析方法具有自学习功能，在此基础上还具有联想存储的功能。

(六) 混沌和分形理论

这两种理论主要用来对自然社会中存在的一些现象进行解释。一般用来进行智能认知研究，在自动控制等很多领域中也有应用。

(七) 自然计算分析方法

这种数据分析方法根据不同生物层面的模拟与仿真，通常可以分为群体智能算法、免疫算法、DNA 算法三种不同类型的分析方法。群体智能主要是对集体行为进行研究；免疫算法具有多样性，经典的主要有反向、克隆选择等；而 DNA 算法属于随机化搜索方法，它可以进行全局寻优，在此基础上还能自动调整搜索方向，在整个过程中都不需要确定的规则。目前，DNA 算法普遍应用于各种行业，并取得了不错的成效。

大数据具有一定的复杂性。对数据进行有效处理，需要依赖新的智能分析技术。目前，已经有专家针对大数据提出了新的智能分析技术方案，例如 Hadoop 分析平台，Hadoop 主要分为两大部分：一个部分是分布文件系统，专家称之为 HDFS；另一个部分是分布计算系统，专家称之为 MapReduce。一般来说，HDFS 主要表现为主从结构。其中，主结构称为名字节点，主要功能是管理元数据；从结构通常称为数据节点，主要功能是用来存放或者管理相关的应用数据。一个 HDFS 系统能够支持的数据非常庞大，一般能够达到 10PB 数量级。因此，HDFS 系统能够应用于大数据处理分析。同时，为了能够更好地支持大数据，在 HDFS 系统的基础上，还继续构建 Hbase 系统，该系统的接口语言设为 Pig。并且还构建了 Hivi 系统，该系统主要属于数据仓库。此外，还构建了机器学习软件包 Mahout，这样可以对大数据进行有效管理以及分析。这些新的智能数据分析融合了多种传统的技术,能够对大数据进行更全面、高效的分析。

第二节 电能计量装置的安装运行

一、互联网环境下电能计量装置的安装

(一)电能计量装置

电能计量装置是用于测量、记录发电量、供(互供)电量、厂用电量、线损电量和用户用电量的计量器具。

电能计量装置是指由电能表(有功、无功电能表,最大需量表,复费率电能表等)、计量用互感器(包括电压互感器和电流互感器)及二次连接线导线构成的总和。

(二)电能表

1. 多功能电子式电能表

多功能电子式电能表是由测量单元和数据处理单元等组成,除计量有功(无功)电能量外,还具有分时、测量需量等两种以上功能,并能显示、储存和输出数据的电能表。它能记录客户的需量值、最大负荷、最小负荷、最大负荷和最小负的发生时间、电压值、电流值、缺压缺流指示、反相记录指示等几十个数据。

2. 电能计量装置组成

电能计量装置包含各种类型电能表、计量用电压、电流互感器及其二次回路、电能计量柜(箱)。

3. 安装要求

(1)按照《电测量及电能计量装置设计技术规程》(DL/T5137－2001)的规程规定安装计费电能表。

(2)低压表箱下沿离地面高度应为 1.7~21m,暗式表箱下沿离地面高度应在 1.5m 左右,计量柜表箱下沿离地面高度应为 1.2m。

（3）电能表与保护装置合装于继电器屏上时，电能表宜装于屏中部；其水平中心线宜距地面0.8m及以上。

（4）配电装置处的配电柜、配电箱上的电能表的水平中心线宜距地面0.8~1.8m。

（5）电能表的安装应垂直，倾斜度不要超过1°。

（6）当几只电能表装在一起时，表间距离不应小于60mm。

（7）对10kV及以下电压供电的用户，应配置专用的电能计量柜（箱）；对35kV及以上电压供电的用户，应有专用的电流互感器二次连接线，并不得与保护、测量回路共用。

4. 电能表的作用

电能表是一种用途最广的计量电能的电气仪表，是工农业生产和家庭中必备的计量工具，在国民经济中具有重要的地位。在电力系统发、供、用电的各个环节中，装设了大量的电能表，用来测量发电量、厂用电量、供电量、售电量、线损电量等。

5. 电能计量单位

有功表计量单位为千瓦·时（kW·h），无功表计量单位为千乏（K·Var）。

（三）接线方式

1. 电能计量装置的接线方式步骤

第一，接入中性点绝缘系统的电能计量装置，应采用三相三线有功、无功电能表。接入非中性点绝缘系统的，应采用三相四线有功、无功电能表或三只感应式无止逆单相电能表。

第二，低压供电，负荷电流为50A及以下时，宜采用直接接入式电能表；负荷电流为50A以上的，宜采用经互感器接入的接线方式。

第三，对三相三线制接线的电能计量装置，其2台电流互感器二次绕组与电能表之间宜采用四线连接。对三相四线制接线的电能计量装置，其3台电流互感器二次绕组与电能表之间宜采用六线连接。

2. 一般工作中常见的错误接线方式

第一，电压钩子打开。

第二，电流线圈的进线反接。

第三，三相四线电能表电压线中性点与电路中性线断开。

第四，三相四线有功电能表 A 相电流互感器极性接反。

第五，感应式三相四线无功电能表相序接反。

3. 电能计量装置的错误接线种类

第一，电压回路和电流回路发生短路或断路。

第二，电压互感器和电流互感器极性接反。

第三，电能表元件中没有接入规定相别的电压和电流。

（四）互联网环境下的计量装置

"互联网＋"是利用信息通信技术和互联网平台，让互联网与传统行业进行深度融合，创造新的发展生态。充分发挥互联网在社会资源配置中的优化和集成作用，将互联网的创新成果深度融入经济、社会等各领域之中，提升全社会的创新力和生产力，形成更广泛的以互联网为基础设施和实现工具的经济发展新形态。

在互联网的环境下，我们要开展"多表合一"信息采集建设应用，积极拓展代抄代收业务规模。依托国网电商，构建支撑水、电、气、热等用能费用代收业务的服务平台，加快实现档案管理和联合抄表功能系统的应用，为客户提供方便、灵活的用能费用交付结算服务，拓展耗损分析、用能分析、客户行为分析、客户信用分析等增值服务。

利用互联网和"多表合一"，我们可以加快推进采集数据专线推送，使用大数据系统，分析用电统计，监测产能利用率，分析业扩用电趋势，应用业扩可开放容量计算功能。为了更好地发展互联网下的电能计量装置，我们可以采用数字化电能计量装置。数字化表变电站的电能计量装置不仅具有更高的精度和扩展性能，互感器二次可开路或短路还更具有安全性，可以有更精密的数据分析结果。

二、互联网环境下电能计量装置的运行管理

电能计量是电力企业生产经营管理过程中的一个重要的基础环节。电能计量涉及千家万户，计量装置数量很多，其管理水平的高低不仅影响着电力企业的经济效益，也影响着电力企业的形象，严重的计量问题还可能引发与用户的纠纷。

（一）电费抄、核、查一体化工作

1. 电费抄、核、查内容

下面是电费抄、核、查三个部分内容。

第一，在电表间附近安装个多集采集器。

第二，利用前期建成的用电信息采集系统，在采集电表数据的同时，采用微功率无线技术采集水、气表数据表。

第三，通过电力宽带载波将三项数据传回有关公用事业公司数据库。

同时，为构建采集、核算、发行、通知、收费、账务一体化自动作业模式，要开展以下工作：

（1）加快优化抄表示数智能审核

加快优化智能核算管理，可以减少抄表示数的差错，提升电网工作的服务质量与工作效率，通过自动计算、电量电费防火墙、黑白名单管理、智能发行的建设，最终实现智能化核算管理。

（2）优化电费智能化核算

要积极总结抄、核流程中各类差错和异常，分析异常产生的原因，研究差错和异常的标准化判断规则和处理流程。针对不同用户类别制定不同计算规则，从现场抄表或者远程抄表获取数据后进行示数审核，通过对不同性质用户设置审核规则进行智能自动审核（异常用户需要重新抄表获取数据），再通过对不同用户设置电费核算审核规则，然后再进行智能核算得出用户最终实际消耗的电费。此外，还需要广泛收集规则优化需求和建议，改造营销业务系统，减少人工工作量，提高自动化作业覆盖率，降低核算集中和抄采融合中对核算班和采集运维的人员配置需求。

（3）加快费控业务的推广和应用

国网公司已经多次强调费控业务对售电侧放开后公司经营效益的重要影响。因此，要深入研究吸引客户的推广策略，为费控客户提供更加优质的增值服务。要进一步推动费控系统和渠道功能改造，提升系统运行的稳定性、缴费的便捷性和通知的准确性。

（二）计量资产在线管控工作

1. 计量器具质量分析与评价

计量器具质量分析与评价工作取决于计量器具装拆、分拣、返修、报废等数据准确性。

要加强计量资产的管控，杜绝业务流程超期现象，定期开展资产盘点分析，确保资产全寿命关键环节监测数据准确获取，有效支撑基于全寿命周期的智能电能表故障数据分析工具，使模型算法能够实现预期目标。规范计量资产装拆、分拣、返修、报废等流程管理，确保业务数据录入完整、信息准确，持续推进拆回资产的规范化分拣与返修资产的返回再利用。全面开战计量库房智能化建设，确保年内实现三级库房智能化周转柜全覆盖，提升计量库房智能化管理水平。

2. 计量在线监测和智能诊断应用

开展计量在线监测和智能诊断应用，需开展多维度台区线损综合分析、构建设备状态异常预测模型。同时，应用成效还与采集通信信道、设备工况以及运维质量等因素有关。

遵循"集中监控、分级维护"的原则，推进计量在线监测的运维工作，建立安装、调试、故障处理和运维工作纵向维护体系，推动采集设备、电能计量装置等运维质量提升。进一步完善优化设置诊断模型，并在采集系统统一部署应用，通过主站智能分析和现场维护的方式，完成计量设备故障的排查和处理。

第三节　购售电用户信用评价与风险管控体系

一、互联网环境下电力用户群体分析

如今，我国的经济发展迅速，随之而来，电力体制也需要不断推进改革。"互联网＋"技术的推广，使客户的使用方式和消费方式发生了翻天覆地的变化，与此同时，传统行业的竞争能力也得到了大大提升。

我国要制订"互联网＋"行动计划，推动移动互联网、云计算、大数据、物联网等与现代制造业结合，促进电子商务、工业互联网和互联网金融健康发展。在"互联网＋"和进一步的电力体制改革背景下，客户的使用习惯和消费方式正发生着翻天覆地的变化。正因如此，研究和掌握客户对电力的需求变化，积极应对面临的新挑战，努力提升企业竞争力，对于企业具有重要意义。

（一）"互联网＋"的内涵

"互联网＋"是对传统行业的更新换代。"互联网＋"是创新2.0下的互联网发展的新业态，是知识社会创新2.0推动下的互联网形态演进及其催生的经济社会发展新形态。"互联网＋"就是"互联网＋传统行业"，即传统行业基于通信技术的发展和移动互联平台，大跨度地实现了资源优化配置和商业模式再造，大幅提升企业生产服务效能，大大提升了传统产业的竞争能力。例如，"互联网＋购物"，催生了淘宝、京东、当当等电商平台，用户不用出门就可以购买自己想要的大多数产品，快速满足客户需求并且进行有效的反馈。"互联网＋金融"催生了许多掌上投资和理财产品，例如余额宝、理财通等，以及第三方支付、移动支付、众筹等互联网金融，使金融服务走进大众的日常生活。"互联网＋"的中心就是互联网，这是"互联网＋"计划的出发点。"互联网＋"计划具体可分为两个层次的内容来表达。一方面，"互联网＋"作为一个整体概念，"互联网＋"是希望通过传统产业的互联网化完成产业升级。互联网通过开放、平等、互动等网络特性在传统产业运

用,通过大数据的分析与整合,理清供求关系,通过改造传统产业的生产方式、产业结构,来增强经济发展动力,提升效益,从而促进国民经济健康有序地发展。另一方面,也可以将"互联网+"的文字"互联网"与符号"+"分开理解。符号"+"意味着联合。这表明了"互联网+"计划的应用范围为互联网与其他传统产业。它是针对不同产业间发展的一项新计划,应用手段则是通过互联网与传统产业进行联合和深入融合的方式进行。

(二)"互联网+"背景下电力市场环境变化分析

随着电力体制改革的不断深入推进,电力市场发展也如雨后春笋,电网企业的经营及其往后的发展,正面临着新情况和新挑战。电力市场开始从传统的"卖方市场"向"买方市场"转变,电力营销问题也随之而来。

1. 市场竞争加剧

如今需要一场新的电力体制改革来打开电力市场。电力体制改革会使竞争环境变得更加复杂,市场需求也变得更加多样化。然而,由于历史原因,我国的电力市场一直是垄断经营,所以大多数电网企业缺乏竞争意识,电力服务和客户的需求有一定的偏差,指定服务流程时尽可能方便内部管理,而不是如何去满足客户的需求,在面对竞争对手时,缺乏竞争力。

2. 盈利模式改变

大幅度改变供电企业的运营模式,也是本次电力体制改革的重点。供电企业的盈利方式将从传统的"吃差价"向服务提供商逐步转变。所以,提高运营效率、整合内外资源、转变运营模式将成为供电企业发展的一大要求。

3. 能源互联网发展迅速

能源互联网是互联网和新能源技术相融合的全新的能源生态系统。它具有"五化"的特征:能源结构生态化、市场主体多元化、能源商品标准化、能源物流智能化及能源交易自由多边化。大数据分析、机器学习和预测是它的技术支撑。

"能源互联网"将构建一个"能源资产场"。"能源互联网"匹配供需信息，整合分散需求，形成能源交易和需求响应。使每一个个人都变成能源的供应者和消费者，随时随地交易电力，例如电动汽车及屋顶分布式光伏电站。

4. 新兴技术的快速发展使公司数据资产运营面临新的挑战

目前，各类新兴技术发展迅速，企业生产力随之迅速提升。智能配电网、新能源发电并网、储能技术、节能新技术等能源技术，正推动着电网生产方式向智能化、多元化方向转变，也对服务和营销模式带来了一定影响。例如，仿真模拟系统、人工智能自动化、图像识别技术、智能机器人等自动化技术正推动着服务互动智能化水平的不断提升。

云计算、大数据、可视化等信息技术已经进入各行各业，正在创造一种新的商业模式。

5. 客户需求变化

移动互联网的发展使消费者的服务需求发生改变。消费者的服务需求，从长期单一化演变成碎片化、即时化。随着生产效率逐步提升，时间在不断增加，移动互联网重构了时间分布和实现方式。用电群体对服务体验的要求越来越高。客户需求会有巨大的改变。

（三）互联网环境下的服务

1. 个性定制

服务业演化最终是围绕人类需求层次提升进行的。互联网时代，获取公共信息的成本比较低廉，更多普通用户也希望服务供应商能够满足自己的需求。

2. 高效便捷

客户期望通过移动互联、云计算、多媒体、可视化技术等新兴技术的应用，能够享受到远程服务。远程移动互联和视频互动技术越来越成熟，已经可以实现自动填单、电子签名等业务办理，也可以实现电力营销全业务线上申请，线上完成业务申请、用电咨询、缴纳电费、故障报修等业务办理，利用云计算和大数据，快速定位故障点，高效完成故障处理。

3. 客户服务趋势

在"互联网+"背景下的电力服务中,客户自然人或家庭可以作为与供电企业交互和被识别的主要方式,电力客户能享受"一点接入,全面服务"的一站式服务,通过大数据及移动互联网技术,享受用电分析报告和个性化优化用电建议书。用能监测仪可以实时采集用户的用能信息,为客户提供精准的用能分析及优化用电方案。

4. 智能服务

利用营销技术、现代通信技术、信息技术,构建智能用电服务体系。通过智能交互终端、智能家电,依托双向互动用电服务技术、智能社区支撑技术、用电信息采集技术、智能量测技术等,实现对家用电器用电信息的自动采集、分析、管理,实现家电经济运行和节能控制。

5. 精准服务

根据地点、时点和交付方式的不同,电力服务能够对客户的用电需求做出精准的反应,为客户提供高质量的用电体验,提高服务触点交互界面的友好性。尊重客户自身特点,提供个性化的精准营销服务,特殊需求特殊处理。

二、互联网环境下购售电用户信用评价与风险管控体系

(一) 国内售电市场信用体系相关政策

电改 9 号文配套文件《关于推进售电侧改革的实施意见》要求加强信用体系建设,包括信息披露和信用评价两方面。

1. 信息披露

建立信息公开机制。省级政府或由省级政府授权的部门定期公布市场准入退出标准、交易主体目录、负面清单、黑名单、监管报告等信息。市场主体在省级政府指定网站和"信用中国"网站上公示公司有关情况和信用承诺,对公司重大事项进行公告,并定期公布公司年报。

2. 信用评价

建立市场主体信用评价机制。省级政府或由省级政府授权的部门依据企

业市场履约情况等市场行为，建立市场主体信用评价制度，评价结果应向社会公示。建立黑名单制度，对严重违法、违规的市场主体，提出警告，勒令整改。拒不整改的列入黑名单，不得再进入市场。

国家发展改革委、国家能源局发布《售电公司准入与退出管理办法》，对售电市场信用体系建设提出：建立完善售电公司信用评价制度；信用发布；失信联合惩戒等。

建立完善售电公司信用评价制度。依托政府有关部门网站、电力交易平台网站、"信用中国"网站和第三方征信机构，开发建设售电公司信用信息系统和信用评价体系。建立企业法人及其负责人、从业人员信用记录，将其纳入全国信用信息共享平台，确保各类企业的信用状况透明、可追溯、可核查。

第三方征信机构定期向政府有关部门和电力交易机构报告售电公司信用评价和有关情况，并向社会公布。

国家能源局派出机构和省级政府有关部门根据职责对售电公司进行监管。对违反交易规则和失信行为按规定进行处罚，记入信用记录，情节特别严重或拒不整改的，经过公示等有关程序后纳入涉电严重失信企业黑名单。强制退出的售电公司直接纳入黑名单。

建立电力行业违法失信行为联合惩戒机制。对纳入涉电严重失信企业黑名单的售电公司及负有责任的法定代表人、自然人股东、其他相关人员（以下简称"当事人"）采取以下惩戒措施：

（1）电力交易机构3年内不再受理该企业注册申请，其法定代表人3年内不得担任售电公司的法定代表人、董事、监事、高级管理人员。

（2）对当事人违法违规有关信息向金融机构提供查询服务，作为融资授信活动中的重要参考因素。

（3）限制当事人取得政府资金支持。

（4）对当事人申请公开发行企业债券的行为进行限制。

（5）工商行政管理、总工会、行业协会等部门和单位在法定代表人任职资格、授予荣誉、评比先进等方面，依法依规对其进行限制。

(6) 按照相关法律法规进行处罚。

社会经济的发展离不开供电企业电力的供给，而供电企业的生存与发展又离不开电费的回收。供电企业必须意识到电费回收问题所带来的各种风险，通过自身电费风险管理能力的提高，以及一系列电费回收风险预防及处理措施，来避免和减少供电企业电费回收难现象。只有这样，才能保障供电企业的资金周转安全及经济利益。

我国当前的经济环境下，电力企业需要像其他企业一样参与竞争，而其最终是否能够赢得胜利、扩大市场，与其营销效果有着密切关联。所以，电力企业做好相关的营销工作非常的重要。目前，在电力企业的营销过程中还是存在一定的问题，导致电费风险问题比较严重，使电力企业遭受的损失比较严重。在这一背景下，电费风险管理显得尤为重要，成为电力企业亟须解决的问题。

(二) 供电企业电费风险策略分析

1. 技术支撑有效规避风险

实行先购后用的购售电方式，着手购售电系统的建设和使用，大力推广购电制，努力实现购售电、电量实时监控、低电量报警、跳闸等多功能于一体的技术手段。同时，严格执行高压新装、欠费复电客户一律安装远程费控装置并纳入购售电系统管理。建立客户电费回收风险预警和欠费客户用电管控方式。客户电费回收风险预警包括定期风险预警及季度、年度风险预警。电网公司结合区域客户群的用电性质、产业状况、客户生产经营现状以及市场经济形势，对客户提出月度、年度预警。不定期预警，根据国家产业政策、电费电价政策调整、目标客户生产经营状况发生重大变化以及法人代表变更等突发情况，及时提出风险预警。充分利用电采集系统，实施高压客户用电信息监控。借助系统中客户用电负荷曲线、实时用电电量等信息，结合电费回收风险预警和目标客户信誉等级，预判客户生产经营用电情况，以确保目标客户的电费回收。建立信息交流平台，实行电费回收重要信息的快速响应和对接制度。对客户办理的新装、增容、减容、暂停、销户等业务申请工单进行内部资源共享，实现抄、核、收业务快速响应和电费回收的有效对接。

2. 多元化电费缴费方式的建立

诸多电费欠费现象的发生，很大程度上受单一电费缴费方式的影响。因此，为了提高供电企业电费回收效率，供电企业应健全和建立多元化的电费缴费方式，以适应不同用电客户的需求。这些支付方式如下：

（1）支付宝缴费

支付宝这种新型的缴费方式，方便了活跃在网络上的年轻人，比较时尚，且操作非常方便。但该方式目前熟知的群体基数较少，需要增强该缴费方式的宣传力度，让更多的人了解该缴费方式的方便和快捷。

（2）微信支付

目前，第三方支付兴起，微信具有安全可靠的技术保障。用户可以通过手机快速支付。微信可以绑定银行卡，方便了用户的电费缴纳。目前，微信缴纳电费已经实现扫码支付、公众号支付、APP支付，并且有红包、代金券、立减等优惠。

（3）网上银行缴纳电费

如果你是开通网上银行的用户，那么你可以通过网上银行缴纳电费，操作流程如下：首先登录银行网站；后登录个人网上银行，点击"缴费站"，选择"省市"，选择其中的"公共事业费"，然后提交；选择"公共事业费"中的"电费"后，在框中输入客户编号（10位）以及户主姓名后提交，这里也可以不输户主姓名，提交后会出现户主姓名，然后输入缴费金额确认；如果这个月的费用已经出现，可以直接点击确认，费用即缴纳成功。交费无需手续费。

（4）到开通电费缴纳业务的银行网点现金缴纳电费

顾名思义，用户直接到有电费缴纳业务的银行，直接到柜台现金缴纳电费。告诉银行工作人员电费户号（10位）直接缴费即可。

（5）"充值卡"缴纳电费

居民可以购买供电公司发行的电费充值卡交费。操作方法如下：

①拨打当地供电企业的服务热线95598，异地拨打方式为行政区号

+95598；

②按照语音提示的操作，选择充值卡服务按数字键9；

③输入充值卡号，即卡上刮开的号码；

④输入电力客户编号，按♯号键后交费成功。

(6) 银联"全民付"

扬州电网公司为拓展农村电力客户的交费渠道，缓解供电所营业窗口排队交费压力，在市郊各供电所营业厅安装"全民付"自助式刷卡缴费机，推行电费缴纳自助服务，受到客户的欢迎。该自助缴费机是继"福农卡"代扣、POS机、"一站通"等交费方式之后的又一便民举措。用户只需在此终端机上选择公共业务缴费，进入"电力缴费"，输入用电户号，便能查到电费金额，再经过银行卡刷卡，输入密码即可完成电费缴纳。

(7) 广电数字电视缴费

为了更好地方便客户，扬州供电公司借助于银行与广电合作渠道，利用数字电视宽带平台，以家庭用户双向机顶盒为客户终端，实现了客户足不出户就能自动缴费的新模式。

除了健全以上缴费方式外，供电企业还要加强以上缴费方式的宣传，让广泛用户了解供电企业目前所建立的各种缴费方式，从而便于用户选择适合自己的缴费方式。

第四节 电价管理和电费管理

21世纪是一个信息化技术发展相当快速的时代。所以，人们的生活也随之而进入了信息化时代，信息化的发展是社会发展所带来的一个必然趋势。

大数据处理和存储已经是目前信息化发展所不可分割的主体。因为它数据量大、效率很高、保密性较好，以及便于保存等优点，作为一项新技术已经逐渐进入了人们的视野。而作为与人们生活极为相关的抄表工作，也迫切需要紧跟信息化发展的步伐，应当改变之前传统的方式，融合相关的电子信息技术，探讨出一个符合目前生活需求的技术。

一、传统方式的弊端

（一）抄表准确率低

因为当前整个抄表工作是员工用眼睛读数并进行记录的，之后再录入系统，所以，中间任何的一个环节出错都会导致抄表工作的失误，这也使得电费核算时必然会出错。此外，抄表人员的工作态度同样也是导致抄表错误的一个极为重要的因素。比如，一个工作人员因为他做事的马虎或者私人的事情心情不好，经常容易造成工作上的失误。

（二）人工成本高

伴随着经济的快速发展，人们生活水平在提高，人们的工资水平也在相应地提高，人力成本也在不断地提高。所以，如果所有工作都是靠人工来完成，则需要投入相当多的人力。举个例子，一个抄表人员每天所抄表的数目是极为有限的，等他把采集的数据传送回去，还需要等待人工来进行录入，等到录入完成后，还需要等待专业人员进行最后核算。这样整个流程慢慢走下来，所需要的人力、物力可想而知。

在雇用人员的同时，如何管理员工同样是一大问题。所以，需要专业的部门以及人员对员工进行管理，而这一块又会加大人力成本。因此，之前传统的抄表方式，已经完全不适应当前的经济发展环境，它带给企业的人力成本极高，严重降低了企业的经济效益。

（三）整体工作的效率低，电费回收速度慢

因为当前整个工作都是靠人工来完成，所以，必然具有延迟性。但是，每个人每天的工作量又是有限的，所以，在整体的工作总量不变的情况下，所要完成的工作必然需要更多时间。而大量的数据通过繁忙的人工录入核算，同样也是一个极大的工作量，也要消耗相应的时间。所以，前后时间过长，整个工作的效率低下，严重影响了电费的回收，从而导致企业资金的回笼慢，严重限制了当下企业的发展。

（四）电费的抄、核、收环节监督难度很大

传统的工作方式很难实现每个工作环节上的监督，并且不能及时地发现问题。所以，审核员就只能对电费核算的准确与否再次进行审核，但是不能审核电费的超标率是否正确，这样便会使得电费会计得不到可靠的数据，从而提高了营业的事故。

二、改善措施

（一）引进信息化的抄表技术

传统的抄表、电费回收方式多是依赖人工，但是在偏远的农村地区，人工的成本高、效率低下，严重降低了工作进度，影响企业效益。而变革传统的方式，改用智能化抄表方式，实现智能化的抄表，这样电费管理中心不用再派人去每一家进行人工抄表，逐渐完善电表智能化、信息化的建设，并且将电表和用户账户进行对应，通过远程的通信方式，电表将用户的用电度数通过互联网传输到电费的管理中心服务器。

利用高速的计算机技术，迅速地将数据处理，计算出准确的电费，并且及时上传到每家的账户，方便每一位用户能够凭借互联网进行查询和及时缴纳费用。电费管理中心统一下发电子表卡，方便一些传统的非互联网用户来进行缴纳费用，而每个账户的卡都是唯一的。

在计费的方式上，采取用户预存费用。升级当前计费系统，缩短结账的周期，比如按天来结算，每日都从用户账户里进行扣款。当用户账户里的费用不够时，可以进行短信或电话提醒，提醒用户按时充值。在欠款持续的一定时间内，能够持续提醒用户，超过期限，可以进行停电处罚，并且将相应的行为保存进信用体系内，还可以与欠费的缓冲时间进行挂钩，这样促进用户逐渐提高及时缴纳费用的意识。

（二）技术选择方案

可以结合计算机技术，实现对电费的有效管理，这样能够克服人工管理上的一些缺点，使得管理更加具体化、信息化，能够使用户及时了解自己目前的用电情况、电费的数目。电费管理系统作为当前新时代的一个非常热门的管理系统，其必须满足以下要求：

1. 电费的信息化处理

电费信息的精确处理是一个较为完整的电费管理系统所不可或缺的成分。唯有对电费的信息进行真实而有效的存储记载，方能做到公正和公平，用户方能及时缴纳所欠费用。电费的信息应该包含本月电量的总额数、相应的时间段的用电量额数与价格、本次采集的电表的额数、上月所采集电表的额数等。

2. 对用户信息的处理

对用户的信息管理同样是一个完整的电费管理系统所不可或缺的部分。唯有做到对用户信息的正确的处理，方能做到表和账户对应，才不会出现有表却无账户或是有账户却无表的情况。目前，用户的信息主要包含用户的编号、户主的姓名、用户的类型、开户的时间、所对应的电表硬件序列号、所处的位置和账户号等。

3. 对系统数据的维护

目前，一个完整的电费管理系统还应当包括数据的信息维护。唯有对数据库中所储存的数据进行必要的维护，方能使得系统处于健康、高效和有序的运行状态。它的主要工作内容包含系统数据的维护和基本数据的维护。

（三）建成系统维护中心

信息化建设的过程之中，系统的维护是一项极为重要的工作。日积月累，数据库中的数据逐渐变大，同样需要系统维护人员进行技术性维护，并建立所需的应急方案、对程序的备份，来确保整个数据中心能够持续有效地运转。

（四）提高电费的信息透明度

向客户公开其个人家庭用电详细的表单，比如说某时间段、用电量、电费价格、总费用、目前表数等，使用户能够一目了然地了解自己的用电情况。借助信息化的建设，给每个用户建立其独自信息查看的窗口，及时地公开相应的法律法规，用来减少不必要的纠纷，能够对传统非互联网用户进行短信通知，保证每个客户都能及时地了解相关的通知。

（五）成立监督的部门

智能化的高效性尚不能完全清除它自身的误差率，因此，有必要成立监督的部门。而监督部门的职责，一方面是对系统上的数据进行分析，比方说，一个用户的每月的用电对比，是否存在大的波动现象，若存在，及时了解其原因，是系统采集的数据错误还是实际用户用电量上的增高，若能够及时发现情况并且沟通，就能够避免不必要的纠纷；另一方面，要随机地选取用户的电表来验证，查看系统读表数是否和实际相符，若不相符，则找出相应的原因，并且尽快纠正错误。

三、互联网环境下电费回收与账务管理

随着市场经济的建立和发展，电力市场的整治变得越来越重要。电费回收是整个供电企业的重要环节和经营的主要收入。电费回收工作是保障供电企业能够继续经营的生命线，是提高企业生存和发展的重中之重，同时，也是降低供

电企业欠费风险、减少经营损失的重要途径。但是，在电费回收中，由于受到各方面因素的影响，使电费难以回收。最后，造成巨额电费拖欠，导致供电企业生产上受到一定程度的威胁，同时也影响了国家的财政收入。因此，供电企业如何采取有效措施，提高电费回收率，是当前亟须解决的问题。

（一）加强电费管理回收的策略

1. 建立营销、财务一体化的电费管理系统

建立营销、财务一体化的电费管理系统可以实现营销、财务信息高度集成与共享，加强电费收入的内控，促进电费管理水平的提高。

（1）电费档案管理

可以实现抄表员和工代号管理、用户档案管理、编制抄表计划、客户资信等级等功能。

（2）电费业务处理

可以实现抄表数据的采集、电费计算、电费收费、网关划账、电费退费等功能。

(3) 对账管理

可以实现电力公司与客户对账和银行对账等功能。

(4) 账务处理

可以实现电费账务科目的建立、账务凭证的审核、记账操作、凭证明细账管理和总账的查询等。

(5) 电费统一票据管理

其范围包括票据的计划、申请、管理、领购、开具、保管、取得的程序和方法。

(6) 报表管理

可以实现自动生成并上报各类电费报表。

2. 强化技术手段在电费回收中的作用

在这一方面，供电企业应该加大电力营销技术改造的资金投入。从规划设计开始，利用技术手段设计一个从用户到企业的完善的收费网络，在客户端安装智能化电能表，实现实时在线监测、数据收集并处理，并给客户即时发布各种信息等功能，使用户通过网络便能及时获取电费信息，以便于能够及时缴纳电费。

针对中小型用户多次欠费的情况，应该在这些用户中安装预付费计量装置，欠费用户自动通告、通知，必要时由负控装置来完成欠费停电，以增强中小型用户缴费的自觉性。利用网络，密切和调度部门配合，构建电费指挥中心，利用通信、计算机、互联网，与银行、政府等相关单位配合，做好电费清缴工作，使之成为电力企业营销的第二调度中心。

3. 提高电费回收管理质量

在内控制度建设方面，建立健全规章制度，实现规范化的管理。想要改变传统的电费管理模式，在业务流程上应该重点对抄表质量管理、电量电费退补等关键环节实行监控。基层供电单位负责现场基本信息在营销系统的初始录入，电费管理中心则利用营销系统信息、负荷管理系统信息、合同资料等对电费进行复核。

通过电量波动核查及营业差错的考核，对城区供电单位抄表工作起到可控与在控作用；通过严格退补流程设置，真实还原营销数据；通过及时准确发布电费账务数据，对电费回收与催缴起到督促作用；通过对抄表例日、抄表线路的固化，并通过客户现场调查，为营销部提供基层供电单位的抄表到位率、准确率的考核依据，同时提高客户服务质量。

在优化业务流程的同时，强调复核业务的规范管理，制定一系列管理制度，使中心业务处理按标准化运行，将各项工作分解细化到每个岗位，强化抄核收的内控能力，使电费监管步入制度化、规范化、标准化的时代。

4. 强化供电企业经济管理意识

在这一方面，供电企业应该制定详细的绩效考核办法，明确各个岗位的电费回收责任，实行重奖、重罚的奖惩制度。供电企业的领导要带头签订电费回收责任书，明确各个岗位在历欠电费回收上面的指标责任，并用历欠电费的利息奖励电费回收工作中表现突出的人员。对于承担电费回收责任的人，进行岗位考核，将考核的结果与工资挂钩，督促他们认真履行自己的电费回收责任。对于部门电费回收工作完不成任务的，既要追究具体负责人的责任，又要追究部门领导的责任。

（二）电费回收过程的监控

电费回收要全过程监控，根据进度及风险信息，迅速做出反应，以消除风险可能带来的不利影响，防止风险进一步扩大。

1. 风险分析并快速反应

在电费回收预警分析和客户信用评级的基础上，根据电费回收进展，对欠费客户进行分析和量化，找出各种明显和潜在的电费回收风险，明确主要风险，密切注意原有风险的变化，并随时发现新的风险，为应对风险作出迅速、正确决策提供重要的依据。

对不同的欠费用户采取不同的回收手段，包括停止供电、缩短电费结算周期、采取预付电费或预购电方式缴交电费及其他经济、行政、法律等手段全力回收电费。对缴费信誉不好的、用电方非业主的、专变新装客户及低压存在电费回收风险的客户等，要求其在签订《供用电合同》的同时，办理担保业务，担保业务采用业主保证、银行保证和存单质押三种担保方式，对于无担保的用户实行预缴电费，以保障用电客户切实履行供用电合同，保障电费的清偿。

同时，电力企业必须加强法律政策的运用，提高依法维权意识。供用电合同是电力企业与用户权利义务关系的规约，是调解供用双方纠纷的主要依据。做好每一用电客户供用电合同的签订和履行工作，就为维护自己的合法权益上了一层保险。对于拖欠电费，应依据欠费用户的生产经营状况和偿债能力两方面，分不同情况采取相应的法律措施。

（1）对经营状况较好，并有偿债能力的欠费用户，中止履行《供用电合同》，停电催收电费和违约金；对停电催收电费仍不见效的，为避免供电企业损失进一步扩大，应通过诉讼途径及时回收拖欠电费。

（2）对经营状况暂时不好，但有发展前景的欠费用户，除可按规定停电催收电费外，还可采取与这类用户签订分期还款协议，双方到公证机关办理公证，或者要求用户提供所欠电费的抵押、质押或第三方担保。

（3）对经营状况差，且无发展前景，濒临破产的欠费用户，为避免债权进一步恶化，必须采取停电催收措施，并查清是否有资产可拍卖清偿。对于欠费户能清偿到期债权的情况，经协商签订资产转让协议，行使电费抵消权；对于欠费户不能清偿到期债权的，应当依据相关法律规定，直接向人民法院提出宣告债务人破产的申请。

（4）对处于破产清算阶段的用户，供用电合同自行终止，必须停止供电（职工生活用电除外），依据规定按时申报债权，并向破产清算组提供相应的债权凭证，积极协助和主动参与清算工作。对于没有《破产法（试行）》第35条规定的情形，应及时按财务审批程序对无法收回的电费坏账予以核销。

2. 加强电费对账工作

电力营销、财务部门每日做好对账工作，及时掌握用户缴费情况，杜绝出现因对账环节滞后而使应收电费余额增大的现象。每月召开月度对账会议，认真核对上月财务、营销、银行账户电费实收账款的账目情况。发现差异，查明原因，落实责任人，限定办理期限，确保电费资金安全。

3. 用优质服务促进电费回收

在金融形势严峻的情况下，更要注重电费催收的方式，要为客户提供贴心的优质服务。通过畅通电费回收信息渠道，深入企业进行用电市场调研，加强与客户间的沟通，了解企业生产经营状况，用优质服务与客户建立感情，推行 VIP 服务方式，在主动走访客户中，了解客户的生产用电情况，为企业科学合理用电出谋划策，积极帮助企业渡过难关，促进电费及时足额回收。

总之，电费回收工作是保障供电企业经营成果的生命线，面临困境，要临危不乱，严阵以待，坚持预防与追收的回收原则。通过加强内部管理，提供优质服务，缩短抄表周期，推广预付费装置，开展信誉度等级评价，采取有效措施，严控电费回收风险，使电费回收风险在内外防线的共同防御下处于"能控、可控、在控"的状态。

第五节 基于大数据的用电行为模式识别

一、互联网环境下用电行为模式识别

用户模式识别是通过对负荷曲线进行聚类分析，而获取电力用户行为模式和负荷特性，对预测以及预估未来电力需求、负荷控制、用电异常检测以及制定需求响应策略等方面都有巨大的作用。与此同时，在使用负荷模式分类时，同样可以减少信息系统的负荷程序的存储。所以，电力用户负荷模式提取技术，对于提高电力系统的运行可靠性、提高电网资产利用效率、增长企业的经济效益、节约能源，都具有很大意义。在互联网环境下，负荷模式是能源运营商的核心数据资产。

国内的负荷模式大多用于提取负荷预测方面，但随着能源互联网的推进和互联网售电规则的制定，用户负荷模式提取将在分时电价制定和实施、负荷控制、用电异常检测等方面都有广阔的应用。

（一）用电行为模式的识别步骤

第一步：数据选择。负荷数据可以通过自动抄表系统和智能家居系统等

获取电力消费数据。采集时间间隔常采用15分钟、半小时、1小时。用户负荷的数据的初步选择可以按时间（月、季、年）、地理区域和电压的等级等条件进行考虑。此外，应用的目的与数据的选择也是有关系的。

第二步：数据清理。检查每个用户的负荷曲线数据是否正常，删除或修改有明显错误的数据。

第三步：数据预处理。由于用户的行业性质及负荷的大小存在差异，原始负荷数据值之间可能存在着巨大的不同，有时甚至会相差几个数量级，不经过处理会影响聚类的质量，会使得聚类结果变得不可靠。

第四步：负荷曲线聚类。即用聚类算法对规范化后的负荷曲线在给定参数下进行聚类。聚类分析结果容易受到多种因素的影响，如规范化方式、聚类结果对数据集的依赖性、算法的稳定性、算法对数据输入的敏感性。负荷曲线聚类首先要确定负荷特性指标，然后选择合适的聚类算法并确定其相应的参数。

第五步：聚类结果的评价与反馈。对上述步骤中获得的聚类结果进行分析和评价。对于聚类数目，可以依据用户涉及的电价类别或国民经济活动行业分类给定，这样便于分析电价类别和行业类别与负荷模式的对应关系以及负荷曲线的负荷模式分布，也可确定每个用户的典型负荷模式。反馈过程可检查涉及用户的数量和包含在所有各负荷模式的负荷曲线数目，确定移除客户的非典型负荷曲线，并利用聚类有效性指标评价聚类结果的质量。

第六步：用户分类与典型负荷分布的形成。通过聚类结果评价和反馈后，可确定合适的聚类数，实现依据负荷模式的用户分类并获得用户典型负荷模式的对应分布。用户分类和典型负荷模式提取的最终目标是为了支持电力系统运行决策，优化运行，降低损耗，提高经济效益。

（二）用电行为模式识别的理论和方法

1. 数据预处理方法

通过对属性进行规范化，将属性值按比例缩放，对于涉及神经网络的分类算法将有助于加快学习阶段的速度。对于基于距离的方法，规范化可以帮助防止具有较大的初始值域的属性与具有较小初始值域的属性（如元属性）

相比权重过大。

目前，常用的规范化方法有最大最小值规范化、平均数方差法、总和规范化、极大值规范化等。当使用同一聚类算法并以不同的规范化方式处理时，聚类结果往往不同，规范化方式的选择对聚类效果影响很大，必须在负荷模式提取中加以考虑。这就要求在负荷模式提取时，首先了解每种聚类方法在采用不同规范化方法时的性能好坏，以便得到准确可靠的聚类结果。

2. 负荷模式识别的聚类方法

负荷模式提取通常通过聚类技术实现，主要方法可分为如下几类：

（1）基于划分的方法

基于划分的聚类算法的基本思想为：给定一个含有 m 个对象的数据集，划分方法将构建 k 个分组，每个分组形成 1 个聚类簇。而每个簇至少包括 1 个对象，每个对象必须且仅属于 1 个簇。对于给定的数据集，算法首先根据给定的要构建划分的初始分组，然后采用一种迭代重定位的方法改变初始分组，每一次改进以后的分组方案都较前一个更好。

（2）层次聚类方法

层次聚类是指按照某种方法对数据集进行层次分解，直到满足某种条件为止。根据分类原理的不同，可以分为凝聚和分裂两种方法。凝聚的方法为自底向上分解，首先将每个对象置于一个组中，然后合并相似的组，直到所有的组合并成一个（或满足某个终止条件）。分裂的方法为自上向下分解，首先将所有的对象置于一个组中，在迭代的每一步中，一个组被分裂为更小的组，直到最终每个对象在单独的一个组中（或满足某个终止条件）。

（3）基于密度的方法

基于密度的方法与大部分划分方法不同，它不是基于各种各样的距离，而是基于密度。其主要思想是：只要临近区域的密度（对象或数据点的数目）超过某个阈值，就继续聚类。该方法既可以过滤噪声数据，也可以发现任意形状的簇。

（4）基于模型的方法

基于模型的方法通过优化给定的数据和某些数学模型之间的拟合。主要包括统计学方法和神经网络方法。

(5) 模糊聚类

传统聚类算法是一种硬划分,把每个待识别对象严格地划分到每个类中,划分界限是分明的。然而,大多数对象实际上并没有严格的属性划分,其在形态和类属方面存在着中间性。利用模糊理论来处理聚类问题的方法称为模糊聚类分析。模糊聚类分析是对传统硬划分方法的一种改进,样本属于各个类别的隶属度表达了样本属性的中间性。

(三) 用电行为模式的识别应用

1. 负荷预测与负荷估计

负荷预测与负荷估计是指在一些重要的运行特性条件下,通过对过去和未来负荷进行相应的处理,在一定精度下决定未来某特定时刻的负荷值。

2. 负荷控制

对同一行业的用户负荷进行聚类分析,提取并保存用户典型用电模式。通过分析峰谷差异较大的用户对电力系统产生的不同影响,对这些用户进行针对性管理,促使其调整用电行为,改善负荷曲线,从而保障电网运行的安全性。

3. 电价制定与需求侧响应策略

通过对用户用电行为的识别和负荷模式的提取,有助于针对特定群体制定需求侧响应策略,包括制定分时电价、按区域负荷控制等,并及时获取用户需求响应后的负荷模式。对实现供电企业、电力用户和政府三方共赢具有重要的意义。

4. 用电异常检测

在供电侧,由窃电或电力用户的其他违规行为引起的非技术损失是一种非常普遍的现象。有效地预防非技术损失,可为企业带来经济效益的同时,对供电部门节省人力物力也具有重大意义。

近年来,聚类算法被不断应用到电力用户负荷模式提取领域,通过典型负荷模式来检测用户用电是否异常,从而减少非技术损失。利用实际负荷曲线数据,通过负荷模式识别方法,得到负荷簇和负荷代表曲线。然后,通过比较异常用户负荷曲线与所属行业的典型曲线，分析判断用户用电是否异常，为后续进行针对性处理提供依据。

与此同时，负荷模式识别技术还存在更多的扩展应用，如用户的信用评级、配电网的停电影响分析。用户负荷模式结合水、燃气消费信息还可帮助识别传销窝点、黑工厂等，实现社会危机预警。另外，行业用电的负荷模式分析还可以帮助实现行业经济预警。对供电企业和能源运营商来说，可支持开展结合负荷模式的消费大数据应用等。

二、基于大数据的用电违法行为的查处

（一）用电违法行为

以下行为属于用电违法行为：

（1）高价低接或擅自改变用电类别；

（2）擅自超过注册合同约定的容量用电；

（3）擅自超过计划分配的用电指标；

（4）擅自使用已经在供电企业办理暂停使用手续的电力设备，或者擅自启用已经被供电企业查封的电力设备；

（5）擅自迁移、更动或者擅自操作供电企业的用电计量装置、电力负荷控制装置、供电设施以及合同（协议）约定由供电企业调度的客户受电设备；

（6）未经供电企业许可，擅自引入、供出电源或者将自备电源擅自并网。

（二）运用大数据技术查处用电违法行为

智能电网是大数据的一个重要技术应用领域。智能电网的逐步发展，窃电犯罪逐渐网络化、规模化、专业化。源于高级量测体系、各类监控系统的大规模部署产生和积累了大量数据，通过采集这些信息并充分挖掘这些数据的价值具有重大意义。对于智能配用电业务，首先分析其各种特征，然后重点研究在大数据环境下用户用电行为应用场景，指出大数据环境下的用户用电行为异常，接着分析业务应用中的大数据关键技术。

1. 非侵入式用户负荷分解

利用高频率采集的用户负荷曲线数据，通过基于模式识别的用电设备运行特性识别技术，能够将用户总负荷按照其用电设备进行分解，进而获知用户的用电行为和习惯。通过与用户特征的配合，能够进一步分析不同类型用户用电行为相关的驱动和激励因素，为用户节能服务和需求响应潜能分析及激励机制制定提供参考。

2. 用户需求响应潜力分析

根据不同的气候条件（如潮湿、干燥地带，气温高、低地区）、不同的社会阶层，将用户进行分类，为每一类用户绘制不同用电设备的日负荷曲线，分析其主要用电设备的用电特性，包括用电量出现的时间区间、用电量影响因素及是否可转移、是否可削减等，以及不同季节、不同时刻用户用电对天气的敏感性。分析不同用户对电价的敏感性，包括在不同季节、不同时间对电价的敏感性。在分类分析的基础上，通过聚合，得到某一片区域或某一类用户可提供的需求响应总量，进而分析哪一部分容量、多少时间段的需求响应量是可靠的，为制定需求管理/响应激励机制提供依据。

3. 用户能效评估

通过对海量用户数据的筛选和抽取，形成典型用能系统，建立典型用能系统能耗模型；分析建筑物、高耗能企业等典型用户和典型用能系统的能效影响因子，梳理用户能效指标；分析各因子对能效指标的灵敏度，形成综合能效评估标杆库，为预测建筑及高耗能等典型企业及各部门用能变化趋势、分析节能潜力、提出综合节能策略提供参考。

电网用户行为分析系统结构，包括数据采集、数据预处理、数据挖掘、系统管理。

4. 客户缴费行为分析

通过对来源各异、数据量巨大的用户缴费交互过程记录进行分析处理，提取客户行为特征数据，深入分析客户的交互行为、时间偏好、渠道偏好、操作偏好等行为方式，并对业务与渠道的关联关系进行分析；结合渠道承载业务的关联关系，使用匹配算法或者协同过滤推荐方法，将不同行为方式同渠道进行匹配，评估各种缴费的效率和适用人群，优化客户缴费服务渠道，改进业务流程，引导客户使用效率高的电子渠道进行缴费，进而提高服务效率和客户满意度。

5. 供电服务舆情监测分析

在电力市场机制优化和改革过程中，电力供需矛盾、环境保护和可持续发展等问题目前已受到社会舆论的高度关注，电力舆情工作面临全新挑战。电力行业的舆情监测系统重点关注热点词语、关键事件、媒体报道情况等，主要针对文本、视频、声音、图片等互联网多媒体数据进行抓取和分析。利用大数据采集、存储、分析、挖掘技术，从互联网海量数据中挖掘、提炼关键信息，洞察客户行为，实现舆情监控，提升电力客户营销服务水平。

第四章 电力营销风险数字化稽查机制探索

第一节 电力企业市场营销风险管理

随着全球经济形势的整体下滑,温室效应日益凸显,而作为国家基础性能源——电力行业在满足国内电力需求过程中,同样受到其他新型能源的竞争,加之国家积极倡导绿色环保节能能源,如风能、太阳能、核能等受到国家政策支持,对传统火力发电市场必然带来结构性冲击。在新的经济形势下,深化电力行业企业改革,必然伴随着相应的风险。电力企业在适应市场化发展进程中,迫切需要从电力市场营销战略规划、实施中来寻求新的发展契机。因此,充分了解电力企业自身的风险源,明确风险管理意识,构建风险防控机制,才是确保电力企业稳健发展的必由之路。

一、电力市场营销风险类型

(一) 企业市场营销中的主要风险类型

市场营销是企业管理的重要部分,也与提升企业经营业绩、打造企业品牌、提升企业核心竞争力密切相关。在企业市场营销战略中,由于来自市场、竞争对手、社会环境等多方不确定性因素的影响,企业市场营销目标也会在相互博弈中面临风险或损失。营销手段和营销风险管理意识,是影响企业经营绩效的关键要素,其风险类型主要有:

1. 产品定价风险

任何企业在生产产品后都要将产品推向市场,而产品定价是市场营销战略的关键点，如果企业产品定价不符合市场消费预期，则可能引发产品滞销风险，对于企业新产品定价，其策略需要深思熟虑，如果产品定价过高，超过了消费者的购买能力，进而影响产品销量，企业所赚取的利润空间就会减少，如果新产品定价过低，虽然销量提高了，但对于企业前期所投入的固定资产成本、产品的边际效应相对稀薄，所赚取的利润难以维持企业经营目标的实现，甚至难以扩大再生产，另外，如果产品定价过低，也会对整个市场环境带来负面影响，如企业间的价格战，实力较弱的企业，往往不堪重负而退出市场竞争。

2. 市场竞争风险

市场营销必然离不开市场竞争，而市场竞争又给企业带来了诸多风险，市场竞争的多样性，不同企业因自身组织架构的复杂性，在面临市场竞争中的风险也是多元化的，在市场竞争中，每个参与者都希望获得利润最大化，经典经济学理论提出"共谋"能够带来更大的收益，对于某一企业而言，利润不会平白消失，而是从一方转嫁到另一方，市场竞争带来的利润损失，必定会转移到劣势的企业中，针对市场竞争中的风险，表现为企业在生产、销售、投资等决策活动中，因市场信息不对称、决策手段不完善，对竞争对手判断不准确等原因而带来的经济或声誉损失。

3. 产品风险

产品在企业生产之前，企业要对市场进行充分的调研，了解产品在市场中的需求变化。如果产品顺应消费者需求，则产品会给企业带来丰厚的利润；如果产品不适应市场需求，则可能对企业带来重大经济损失。产品有自身特性，产品风险也具有多样性，如产品设计风险、产品功能与质量风险、产品入市时机不当风险、品牌商标存在侵权等风险。考虑不同企业所生产产品的多样性而引发的产品在设计上的风险，是产品本身过时或超时，不适应大众需求而带来的风险；产品功能与质量风险，主要因产品存在功能缺失或质量问题，导致销量下滑，给企业带来损失。入市时机的选择不当也会带来风险。入市过早，消费者对产品的特性、功能可能不了解，无法激发消费者购买欲望；入市过晚，多会因先入者占优而影响销量。产品商标存在侵权问题，主要是在市场营销中，因在产品商标设计上与某种商品商标存在雷同，导致品牌名誉侵权行为。无论是哪种风险，归根结底都会对企业产品销量带来直接影响，进而影响企业利润。

（二）电力企业市场营销主要风险

电能是电力企业的主要产品，电能的销售也是电力企业市场营销活动的重要内容，也是赚钱利润的重要环节。推进电力市场改革，电力企业要走出"寡头"地位，以市场主体参与到电力市场营销实践中，依托自身的经营、营销策略，来实现企业目标。结合电力企业营销实际，其面临的风险主要有：

1. 电力市场风险

从电力市场来看，其风险主要体现在自然环境的变化，以及针对电力市场的各项政策调控措施，面对自然环境，温室效应加剧，自然灾害频发，电力行业各类供电设备、电力设施的维护难度进一步加大，也直接影响电能的稳定输送，同时，从宏观政策来看，国家所出台的调控措施，特别是电力政策的倾斜，对高能耗企业提高项目审批标准，提倡电价差异化，也给电力企业市场营销工作带来更多难题。

2. 法律风险

从电力市场营销过程来看，也会面临诸多法律风险，如用户窃电，引发电力纠纷，给电力企业带来人力物力消耗，电能合同不规范，导致用电合同法律纠纷，电力销售人员人身安全健康问题引发的法律风险，事实上，各类与电力企业相关的法律纠纷和问题，加剧了电力企业风险管控难度。

3. 政策风险

电力是国家民生产业，国家对电力企业出台的各项政策，也会对电力企业市场营销战略带来影响，改革开放四十多年，我国经济由第一、第二产业向第三产业过渡，产业结构的调整，国家相关政策的引领，让电力企业面临"失宠"的困境。如国家对清洁能源的重视，在政策引导上给予支持，对传统火力发电企业带来较大影响，电力行业能源结构的调整，对电力企业也要提早应对，避免墨守成规，错失发展机遇。

4. 电费登记与回收风险

在电力市场营销中,电费登记与回收是重要环节,而电费回收完成质量,关系到整个电力企业总体绩效目标的达成,一般而言,对于电费登记与回收,如果不能做到及时准确,则可能诱发资金链断裂,进而影响电力企业生产经营活动的顺利展开,因此,加强电费的回收,对电力市场营销而言意义重大,很多电力企业也将电费回收完成率作为绩效考核的关键项,这毕竟关系到电力企业每个人的自身利益。不过,在电力市场中,电费回收工作往往存在不及时、不到位问题,一些单位或个人,出现欠费行为,影响电费回收。

5. 窃电与线损管理风险

在电力企业生产经营中,窃电问题、线损问题一直是重要难题,从窃电行为来看,有电力员工窃电行为,也有居民窃电行为,对线损问题,主要源于电力设备技术与电能输送管理不当,在窃电与线损风险管理中,一方面要加强人员管理,落实电力营销人员的责任心问题,如将居民平均每月用电量作为该月用电使用量,造成线损波动问题,一些抄表人员在更换电费计量装置后,未能对相关计量数据进行及时报备,导致计量偏差,也会造成线损波动;另一方面,电力设备自身出现故障问题而引发线损。如一些计量装置由于技术原因,可能存在计量偏差。一些电力设备技术落后,更新不及时,增加线损量,从而带来风险。

二、电力企业营销风险识别方法

从电力企业所面临的市场环境来看,风险是越来越多,电力企业管理者的风险意识也越来越强。面对各类营销风险,电力企业如何进行营销风险的防范?在进行营销风险应对中,需要重视哪些问题?在电力企业市场营销战略规划与执行中,面对营销中的不确定性,需要对其进行正确评估和分析,并提出针对性防范措施。电力企业营销风险,存在于电力企业营销战略体系及营销方案的执行过程中。引入风险管理理念,需要对各类营销战略和方案进行预期营销效果的衡量与评价,对可能存在的突发性事件、不确定性因素进行梳理与评估，为改进电力市场营销战略提供参考。

（一）电力企业市场营销风险的特征

市场营销是电力企业的重要任务，电力作为特殊的商品，在制订市场营销策略过程中，要发挥电能的独特优势，要兼顾电力企业与电力市场发展格局的变化，满足不同用电客户的消费需求。对于电力企业，在提升电力产品营销成效，提升电能利用率过程中，需要立足电力市场营销管理模式，对电力市场营销的风险进行归类，梳理其主要特征。电力市场营销风险的特征表现在：

1. 关联性

电力企业在市场营销工作开展中，虽然面向的业务更加广泛，但各业务之间却紧密相连，电力营销风险一旦出现，必将波及电力企业其他相关业务。

2. 全面性

电力企业作为专业性很强的组织结构，电力产品却相对单一，在制定电力营销策略时，其风险是贯穿整个营销业务的各个环节、各个流程，并非仅限于某一营销方案或某一领域。

3. 内部性

电能作为特殊的商品，电力作为国家基础性产业，在电力市场营销中，其风险产生的原因却是多方面的，内部工作失误是造成电力市场营销风险的重要来源，而受到外部因素的影响相对较小。

4. 可管理性

考虑到电力市场营销风险的内部性特征，这些营销风险具有明显的可管理性和可控性特征。

5. 客观性

风险是客观存在的，电力企业市场营销风险也是客观存在的。对于营销中的风险，即便是做好充分的预防工作，但仍会是要发生的。

立足电力企业市场营销活动，对市场营销风险的识别将是开展风险管控的基础。由于造成市场营销风险的因素很多，现就其营销风险识别的主要因素进行梳理如下：第一，人身安全风险：考虑到电力工程施工、维护作业的实际情况，可能存在人员摔伤、烧伤、触电、碰撞等风险；第二，电力设备及电力作业安全事故：电力设备在运行管理中，可能会出现设备自身的损坏、停运、报废等问题，由此延伸不同的电力安全事故；第三，电网安全风险：如电力系统电压波动、停电事故等，也包括其他电网不稳定安全隐患；第四，电力环保问题：与电力企业"三废"排放，电力设施周边对自然环境的污染等问题；第五，电力企业社会责任风险：如一些电力用户投诉对企业声誉的影响，电力系统断电而影响电能稳定性的问题；第六，资金管理安全：主要包括与电力企业及电力供应相关的各类资金安全问题，如供应商破产、用户不法行为导致电费收缴难题、电力资金投资风险、电力企业财产损失等问题。

（二）电力企业市场营销风险识别的方法

1. 专家调查法

在电力市场营销风险评估中，专家调查法应用较多。通过组织拥有丰富资历、技术经验的专家团队，对市场营销活动及营销策略进行全面评价与分析，征求各类专家的意见和建议，再通过推算、综合评估等方式，对可能存在的风险进行预测和识别。专家调查法的运用，能充分发挥各类专家所掌握的知识、经验、分析判断能力，更好地揭示市场营销风险源和风险管理的规律，从而得到比较客观的分析判断结果。通常，专家调查法的应用分为两步：第一步，以调查表的方式，对某一特定营销方案可能遭遇的各类风险及风险因素进行识别；第二步，运用专家所掌握的知识、经验，对其风险因素、风险发生概率进行综合评价。对于专家调查法中的专家，每一位参与者都彼此保持匿名状态，并针对同一研究问题展开各自的分析、反馈。具体在实施中，围绕电力企业市场营销风险管理目标，组建专门的调查团队。在团队专家组织中，通常选择业务能力强，具有相当洞察力，具备相应的专业素养的专家组成团队。通过对各位专家意见的收集、整理，提炼调查问题，发放并回收调查表，最后对各专家意见及建议进行整合。将收集的这些意见资料进行科学统计，归纳分析论证结果，得出最终调查报告。在市场营销风险识别环节，专家调查法的运用，可选择行业领域优秀的专家、学者参与进来，帮助电力企业对市场营销战略、措施进行风险评估和识别，对可能存在的问题、潜在的风险进行评判，为提升市场营销策略的科学性、有效性奠定基础。由于在专家调查法中，各位专家都采用匿名方式，能够有效消除专家顾虑，确保调查结果的准确性、客观性。当然，专家调查法也有一定不足，如涉及的专家人员相对较多，使整个调查周期相对过长。

2. 风险清单法

所谓风险清单，就是结合电力企业在市场营销风险管理实际，将可能存在的、潜在的各类风险都列在清单上，然后对整个市场营销活动中的风险进行综合分析、考察、评估，对这些风险存在的可能性进行判定。风险清单法对可能存在的风险进行全面梳理和识别，并针对不同的风险，寻找相应的应对措施。风险清单法具有较为显著的优势，对于降低市场营销风险管理成本具有积极作用。围绕电力行业市场营销环境，结合电力企业市场营销管理实际，全面深入了解各类市场营销风险，分析哪些风险存在的可能性更大，从而找出企业市场营销规划中的重大风险源或漏洞。不过，风险清单法在进行风险识别时，具有一定的概括性，也就是说，在进行风险识别时，会存在一些难以识别的特殊风险，或存在疏忽，而一旦存在疏忽问题，可能会对整个营销规划造成运营损失。因此，在风险清单法运用中，要尽可能地挖掘所有的潜在风险，降低风险发生的概率，电力企业市场营销管理者，要结合自身营销管理现状，列出所有的风险清单进行对照，提高风险清单法的应用成效。

3. 核对表法

核对表法主要是对企业已有发生过的风险，以及这一风险的原因罗列出来，形成核对表。然后，结合市场营销工作实际，对营销活动中各类风险及风险发生条件进行核对，对潜在的风险进行识别。核对表法与风险清单法具有相似性，但也存在不同之处。核对表法一般比较强调新的环境，并在这一环境之下完成对公司潜在风险的挖掘工作，整个核对表的制定囊括从环境、进度、成本再到人员等等一系列的因素，涉及企业运作的方方面面，一般在采用这一方法的时候，应当针对企业具体的业务类型制定。同样，核对表法在应用时，要求对各项风险进行翔实记录，避免出现纰漏，尤其是潜在的细节风险，都要尽可能保持客观公正进行核对。核对表法适用条件如下：①具备丰富的营销经验、充分的专业技能，对风险识别具有良好的成效；②依托大量的市场营销案例及经验，设置对照检查表，对可能的风险或营销环境发生变化后来进行风险的核对与评价。核对表法常作为定性风险分析工具，具有全面、快捷、系统、高效特点，有助于将多种意见进行集中，对风险防范、风险管控人员具有启迪、开拓思路等作用。不过，核对表法也存在不足，主要是缺乏定量分析，易受主观因素影响，干扰评估结果的准确性。

4. 头脑风暴法

头脑风暴法的特点是利用大脑思维，对各类风险问题进行分析，这种分析学习方法，有助于激活思维。头脑风暴法能够将所有人的意见通过讨论方式进行整合，在讨论中每个人都可以发表看法，最后将这些创造性思维模式，应用到风险的识别和解决方案的优化改进中，从而提高解决问题的效能。在头脑风暴法应用中，要关注相关专家的思维及解决意见，借助于不同专家的意见，为解决问题寻找创新性、可行性方案。头脑风暴法更加关注所有人的意见，利用集思广益的方式，对存在的问题进行深入设想和分析，将全体人的思想和建议进行整合归纳，并参照专家意见来形成更有价值的解决思路。运用头脑风暴法解决风险问题，其优点是能够尊重和兼顾所有人的想法和意见，但缺点是考虑的因素较为复杂，一些人的意见不具备可靠性或可行性，需要谨慎对待。

5. 流程图法

流程图法是对整个事件发生过程进行结构化整理，并对该事件的每个发生步骤、环节进行分析，来提升事件分析的正确性。流程图法的运用，需要将该事件步骤融入流程图中，将其作为整体系统的进行全面考察，特别是事件管理的关键细节，一定要在流程图中进行展现。在进行流程图分析时，还需要结合市场营销环境、企业经营理念、市场营销战略、企业文化等要素，并将要素融入流程图中，把握好流程图的逻辑性、关联性，促进对某一问题的深入分析。

6. 事故树分析法

事故树分析也称故障树分析法，由美国贝尔电话实验室最先提出，并逐渐演绎为系统安全分析法。事故树分析法，是基于逻辑因果关系，对特定事故或故障，从结果开始进行原因分析，一层一层逐步找到事故的触发事件，利用逻辑树图将这些事故之间的逻辑关系进行展示。从事故树逻辑树图形结构来看，犹如倒立的"树"。在树的"根部"顶点，表示系统的某个事故，在树的"梢"底节点，表示该事故发生的基本原因，而树的"枝杈"节点，表示整个事故原因前后承接的关系。在大型复杂的系统风险分析中，事故树分析法具有较高的可靠性和安全性。

通过对上述不同分析方法的梳理可得，专家调查法可操作性强且易于掌握，具有较高的科学性和有效性，能够有效避免头脑风暴法中权威专家的影响权重，但其缺点是适用范围较窄。如一些小型电力企业，往往受限于资金、时间、环境等要素，无法得到更多专家的帮助。头脑风暴法在企业营销危机管理中具有较高的应用价值，相比于单人风险评估方法，头脑风暴法的优点是能够从多人思维出发，形成对风险问题的不同解决思路，该法在电力市场营销风险管理中，对于管理者的主观评估具有良好的修正作用。但其缺点是可能加大客观风险。风险清单法的运用，需要结合市场营销项目活动实际，就可能存在的各类风险进行罗列，再融入以往经验、资料来对其风险发生概率进行排列，然后选择有重要影响的前十项风险进行分析，而对于其余风险暂且忽略不计。总的来说，头脑风暴法可集中群体的智慧，避免个人决策的失误；专家调查法能充分发挥各类专家的经验、知识优势，解决营销人员经验不足难题；风险清单法需要分析企业自身、企业内外环境实际，并对可能的风险进行罗列，从而找出最重要的风险源。因此，在电力市场营销风险识别中，往往可综合运用多种方法，来对可能存在的风险或危机进行甄别，以提升市场营销风险防控水平。

三、电力企业营销风险识别结果

风险的识别，在于对风险的综合评估，并根据风险评估结果提出优化策略和改善建议。在电力企业市场营销风险识别中，要确立"营销风险"管控体系，必须要收集市场营销活动中存在哪些风险要素，通过哪些风险分析方法来细化风险管控措施。结合电力企业市场营销风险实际，对风险识别结果进行梳理如下。

（一）电力市场风险

电力行业是关系国计民生的基础性产业，电力市场风险，与国家的政策、制度变化有较大关系。结合我国电力市场，主要风险是"供大于求"，尽管一些地方电力供给仍存在短缺问题，但在一些地方，盲目上线大功率发电机组项目，导致供电市场电力堆积，不仅浪费了投资，还无法收回成本。立足电力市场风险，其风险源表现在：①购电电价风险：即电力企业的平均采购价格风险，如果上游的发电企业大幅提升电价，由于供电企业受国家电力管制政策的影响，其风险对电力企业是不利的；②价格管制风险：事实上，在当下的电力市场，国家电网有限公司仍处垄断地位，对电价的制订、调整，仍受国家政策的影响，电力企业还不能自主根据电力采购成本、其他成本来设定售电价格，由此给电力企业的市场营销、经营管理、盈利能力带来不确定性风险；③电网规划中的不确定性导致的决策风险：如电源规划、负荷变化、系统潮流变化等不确定性因素，将会对电力企业带来更多安全隐患，诱发安全事故，损害电力企业形象；④执行差异性电价带来的风险：从当下我国电力市场供给来看，很多地方实施限时阶梯制电价和分类电价，但在一些地方，由于管理不规范，可能存在政策执行不到位问题，如一些农村地区，仍然存在偷电、漏电，对电损不进行分摊导致电力企业损失等问题。导致电力市场风险的影响因素较多，如政策层面的制度、规范，企业自身的历史遗留问题等。总的来看，电力企业自身缺乏对电力市场的高度重视，忽视电力市场营销的重要作用，未能全面考虑政策因素、社会环境要素，导致潜在风险。如一些电力企业，仍以"垄断性"企业自倨，对国家政策评估不够；在市场营销规划上，不重视前期调研，缺乏对用电市场、用电需求的深入分析，导致营销模式单一、被动，这些无疑都会加剧电力企业的市场风险威胁。

(二) 企业管理风险

在新经济环境下，企业管理水平对企业经营绩效具有深刻影响。企业经营管理中的风险，主要是经营管理中存在的各类风险或隐患。以电力企业市场营销管理为例，其风险主要有管理不当，对客户服务模式不完善，重要客户合同签订风险、客户信用风险等。当然，管理风险还与用电项目审核不严、识别查表不准确、供电设计方案不科学、供电过程安全性缺失等诸多因素有关。如因备用电源配置不当，可能对重要用户带来停电风险，而停电又引发一系列的问题。在合同管理中，由于合同条款不完善，对相关产权、责任设置不明晰，后期出现的事故责任无法准确划分。对客户信用风险，主要与电费收缴有关。如先消费后付款方式，可能诱发欠费而收缴难问题，最终导致欠费、坏账风险。

(三) 电费风险

对于电费风险，主要体现在电费管理的各个环节。如电费的收缴、核收管理、电价制定等执行问题，都可能引发电费风险。另外，一些代收机构未能及时收缴电费，也会引发一系列问题而导致电费风险。细化来讲，主要有：①欠费风险：该风险主要由用户欠缴电费，造成电力企业资金周转不畅，资金流断裂等问题，严重者将诱发电力企业关停、破产等风险；②电费管理风险：在电力企业电费管理中，由于核收管理制度不完善，核收管理人员操作不当或产生差错，导致资金被占用、资金收取不到位等问题，引发电力企业财务风险；③抄表风险：该风险主要表现在查抄电表时的差错或遗漏，由此带来损失风险；④电费核算风险：在电费的计算方式上，由于所用参数不当，导致核算差错，诱发后续纠纷风险等；⑤发票风险：该类风险与发票管理有关，如发票管理不规范，导致发票损坏、丢失、虚开发票等风险；⑥收费风险：该类风险与收费管理不规范，对电费收缴催缴不力，相关配套措施不完善，诱发收费账务出现差错，甚至引发电费收缴难题。

(四) 企业服务风险

电力企业要以"客户服务"为中心，做好电力服务工作。针对电力服务风险，主要指电力企业在向用户提供电力服务过程中，因相关配套服务不完善,或用户对相关服务要求的不断提升,而电力企业难以满足用户所需的服务期望值。换句话说,在电力企业为用户服务时,既要注重服务意识、服务方式,还要强调服务效果。如对一些突发事件的处理不当,不仅有损电力企业形象,还侵犯了用户的合法权益。总体而言,在电力企业服务风险中,其风险包括:①人员服务意识不强:电力企业在市场营销服务管理中,多存在服务意识不到位问题。如面对用户的投诉,无法给予合理、快速、有效解决,而给企业整体形象带来负面影响;②服务质量不高:在电力服务中,一些用电业务办理时间过长,给用户用电带来影响;③法律风险:电能作为特殊商品,电力企业在向用户提供电力服务时,很难向每一位用户提供详细的用电合同,而电力企业在进行供电调整时,又会影响用户的用电体验,由此带来的用户投诉或纠纷,需要诉诸于法律来解决;④应急处置中的风险:在电力服务过程中,对于突发性事件,因未能及时妥善处理,可能引发社会关注或舆论负面报道等风险。

（五）系统风险

信息化时代的到来,越来越多系统化软件应用到电力企业,信息化技术的介入,提升了电力企业管理效率,也让整个电力服务工作流程更加规范。不过,对于信息化系统本身,也会存在漏洞或安全隐患,特别是建立在互联网平台上的各类电力应用系统软件,往往会受到网络病毒的攻击。对于电力企业,信息资源是最为宝贵的财富,也是最易受到网络病毒攻击的部分。如一些黑客攻击,对电力信息系统资源的篡改,都会给电力企业应用系统带来风险。通过对电力企业信息化系统安全风险的分析,其风险主要有两类:①系统自身存在的故障或风险:如软件设计中存在的设计缺陷、偶发性的系统故障等,往往会给电力系统软件带来重大损失,如用电统计系统一旦出现问题,可能影响电费的计量统计正确性,可能诱发用户数据信息丢失;②网络安全风险:在电力企业信息化系统建设中,除了硬件设备外,还存在网络数据安全风险,分为内部和外部两种,内部风险主要表现在操作人员的失误、违规操作等,导致系统故障或逻辑错误,诱发软件安全风险;③网络病毒带来的攻击风险。

四、电力企业营销安全管理体系

安全是企业管理永恒的话题，安全也是电力企业营销工作的重心，将安全管理纳入营销体系中，切实做到安全第一。当前，电力企业市场营销管理体系中还存在一些不足，如业务扩展环节，涉及范围广，人员复杂，在指挥控制方面可能存在对现场不了解，易发不安全作业问题；在供电服务中，对用户用电需求的变化，也需要变革对客服务模式，而在日常营销服务管理中，一些不可预见的问题依然存在，给营销服务带来安全隐患。在市场营销部门，各类经营管理指标繁多，而面临用户的欠费风险、窃电风险、线损风险、稽查监控体系不健全带来的稽查盲点，都可能制约营销系统安全管理目标的实现。因此，结合电力企业市场营销系统安全管理目标，从生产、服务、经营、系统安全等方面，落实责任目标，运用风险管理理论和方法，将全面质量管理理念与市场营销安全体系相融合，强化全员、全过程安全风险识别，建立以预防为主的营销安全管理体系。

（一）电力营销生产安全管理体系

营销系统的生产安全管控重点在配网、业扩、计量、用电检查等现场工作中防人身、防误操作等，重点要从建立营销生产安全的保障体系、监督体系、责任体系三方面入手构建营销生产安全系统。如在保障方面，建章建制，完善安全培训课程，做好风险识别管理，实现配电网生产计划刚性管理目标。在监督方面，完善营销系统安全监督网络建设，引入专业暗访与基层监督相结合模式，建立安全评价体系。在责任方面，细化"到岗到位管理"制度，分解安全管理指标体系。具体而言，从以下几个方面来抓起。

1. 制度建设要落实到位

通过对总部、省电力公司等各项安全管理标准的梳理，立足市场营销系统，编制相应的安全生产管理体系。如在营业现场，做好统一指挥，防范安全风险。针对业扩现场涉及单位多，人员复杂，易发生安全风险事故问题，设置业扩现场总负责人，对各参与单位下设小组负责人，由总负责人统一调度、统一指挥，对各项工作进行交底、验收，细化现场各项规程，操作步骤，从全局掌控现场进度，并积极完善中间检查、竣工检验、装表接电等作业安排，实现现场可控、在控。在用电安全检查方面，成立专门用电检查小组，划分专项检查、周期检查、暂时停电、暂停恢复、客户事故调查、违约用电、窃电处理等作业类别，对每一项作业都编制指导书，详细梳理各类现场危险点及防控措施。借助于生产安全防范体系，实现对市场营销各专业现场的安全管理目标。通过编制相关生产作业安全管理规定，进一步发现和梳理营销系统安全漏洞，提升现场生产作业人员管理水平。

2. 注重安全生产培训工作，提升人员安全意识

立足营销系统各项工作安排，将安全目标置于首位。各业务部门要重视安全生产培训工作，将安全知识学习、安全规章制度学习纳入到日常安全生产管理实践中。营销部门要成立专门的安全培训工作组，发挥安全生产监督与保障作用，将安全培训与专业培训结合起来，提高员工安全风险防控认识，增强安全风险管控能力。

3. 加强安全风险识别管理，完善营销系统安全风险库

风险的识别要引入专业队伍，要充分发挥营销部门各专业职能与人力优势，对营销工作的各项任务、各个环节，展开风险识别、安全隐患排查工作。如编制配电网安全管理手册，用电安全检查风险识别、营销服务风险识别、经营管理风险识别评估体系，构建营销安全风险管理库。

4. 关注电力系统配电网生产计划的刚性管理

结合安全管理目标，要将配网综合计划，纳入周计划、月计划，对各项配网生产作业进行综合管理，减少配网作业计划的随意性，提升安全防控水平。

5. 细化安全生产评价体系

结合各级配电网安全生产任务，对各重要线路、重要设备的工作状态进行评价，分析各项设施设备的安全状态，是否存在安全隐患。对各类现场暗访中的违章问题、不安全现象，要求相关组织单位限期落实整改。针对安全管理中的共性问题，要组织相关人员展开针对性防控讨论，制订应对措施，坚决杜绝各类安全隐患。

6. 全面落实安全生产责任制

围绕营销系统安全管理体系，将各项安全指标及任务进行分解，落实到各单位、各班组及个人。引入安全生产责任制，营销部门要与各单位、各班组签订责任状，各单位负责人要签订安全承诺书，实现安全责任的层层分解、级级传递。通过对安全责任的有效分解，确保各个岗位、各个人员能够担负其责。

（二）电力营销经营安全管理体系

营销部门是电力企业重要经营主体，也是关系到电力企业经济效益指标达成的关键部门。在电力企业营销安全管理体系建设中，要积极引入新技术、新方法、新手段，来确保各项经济效益"颗粒归仓"。通过营销系统经营安全管理，做到查补漏洞、完善监督、落实责任，主要从三个方面来完善。

1. 完善电能采集系统实用化运作，提升电量采集安全水平

从过去的人工抄表，到采集系统自动化管理模式，能够有效杜绝人工模式带来的误抄、错抄、漏抄问题，确保电量安全。同时，根据计算台区及线路线损，能够为防范窃电行为提供技术参考。过去的查窃降损，多由事后控制，引入电能采集系统，可实现实时控制，降低损失。另外，采集系统能对智能表用户进行欠费预报，从而确保及时收缴电费，防控欠费风险。

2. 引入多种举措来确保用电账务安全

在电力企业市场营销经营管理中，电费的收缴、财务管理、欠费风险、催费管理、账龄及呆坏账管理等问题突出，我们可利用现代信息技术手段，如开发无线售电平台、POS机缴费方式等无现金缴费管理，减少现金流转带来的安全风险。针对不同用户，制订不同的用电缴费模式。如对于高压用户，安装高压预付费装置，对低压用户，安装智能表，消除电费欠费风险。另外，针对电费管理中的突出问题，引入诚信等级管理制度，对恶意逃避电费的企业、个人，运用法律武器来维护电力企业利益，针对不同用户，建立相应的诚信等级。如对于能否按时缴费用户，设置"好、差"等级；对不同缴费能力用户，设置"强、弱"等级。对信用差、缴费能力弱的用户，借助

于信息管理系统做好密切关注；对于存在恶意拖欠电费的企业、个人，给予有效防控。

考虑到国家政策因素而对一些企业用电的限制问题，如国家对高耗能企业进行了严格控制用电，对一些企业采用季节性供电模式。电力企业营销部门在对该类企业进行管理时，要通过建立预案制度，及时了解国家政策导向，修订和完善供电合同电费收缴预案。针对企业破产、重组影响电费的收回问题，考虑到国家政策下的一些企业面临关闭、淘汰等可能，对一些资产重组、破产的企业，营销部门要建立电费预付机制，避免拖欠电费无法回收。同时，电力企业还要积极与政府相关部门沟通，了解和收集相关政策信息，避免客户因倒闭或拆迁后无法找到客户而造成电费无法收回难题。制订和完善大用户直购电模式，大用户直接与电力企业签订用电合同，可能会影响电力企业收益。对此电力企业要采取积极主导措施。如对大用户的直购电量，可限定为原有用户新增的电量和新增用户的用电量。结算电费时，计划电量仍然按原有的电价实行，计划以外的电量按照直购电的电价执行。如此一来，从确保电力企业合理收益前提下，利用灵活的营销策略，来增加企业收益，实现共赢。

3. 完善经营责任体系

将供电公司电费回收率、应收用户电费余额、应收用户电费余额占月均应收电费比重等各项经营指标进行分解，按月统计分析，建立奖罚分明的绩效考核机制，提高供电企业员工积极性，确保经营安全。拓宽"无现金"缴费渠道，减少现金流转的安全风险。供电公司的营销部门可制定电费收缴及账务管理、催费管理、欠费风险管理、账龄及呆账坏账管理标准，通过开发出的无线售电平台、增加机缴费方式等加强电费资金无现金管理，积极拓宽"无现金"缴费渠道，有效减少电费回收中现金流转的安全风险。

（三）电力市场营销经营风险监督体系

针对电力企业市场营销经营目标的多样化，在进行经营风险防范时，需要完善稽查监督体系，实现对各营销环节的有效监督。如欠费风险、窃电风险、线损风险等，多处于分散状态，利用稽查监控体系，可实现营销业务全过程、实时化、集中化稽查管理。建立营销稽查监控中心，由专门的稽查队伍来落实营销稽查工作，并依托营销部门，协同处置稽查监督工作中的问题，提高稽查监督效率和质量。同时，针对营销稽查中存在的问题，开展多维化分析，实现对稽查对象的精准定位和有效监督。

考虑到营销服务稽查监督的复杂性，需要围绕各项营销业务，建立闭环稽查管理流程。如引入自动监控体系，对发现的问题进行监控分析，查找原因，提交给稽查监督部门展开深度挖掘，落实稽查中的问题，并对稽查结果进行审核、评价。另外，对电力营销经营指标的稽查与监督，还要顺应经营管理业务流程，抓住关键节点，深入分析数据信息，实现对营销业务的全过程稽查与管控，提升营销经营安全管理水平，最大限度降低和规避经营风险。

（四）电力营销服务安全管理体系

在电力营销服务工作中，向用户提供优质、可靠的用电服务是根本任务。面对电力企业市场营销服务体系，打造"优质服务"是关系电网建设、运行、管理的生命线。在电力企业营销服务系统中，客户需求的变化越来越高，而不断满足用户的用电需求，开展多样化用电服务，务必需要电力营销服务部门，通过"真诚、规范、快捷、高效"的服务，为用户提供愉悦、满意的用电服务。在电力营销部门日常服务过程中，不可预见性的问题和风险是客观存在的，要想实现优质服务目标，就要尽可能地化解各类不确定性风险因素。因此，营销部门要坚持"用户需求"服务导向，优化和完善服务流程，对各项服务内容建立量化指标，借助于日常监督、检查工作，来实现对电力营销服务工作的闭环管理，不断提升营销服务水平。

1. 加强营销人员服务理念的转变

立足电力营销工作实际，认真落实各项营销服务内容，以"优质服务"为目标，加强对员工的服务能力、服务方法的培训，让先进的服务理念贯穿于营销人员的服务实践中。如制订营业业务、供电服务及评价等各项营销服务管理标准，让员工自觉规范自己的服务行为。注重日常服务工作的检查、监督，对重点环节、服务问题进行剖析和整改，提升优质服务水平。

2. 明确营销服务管理目标

坚持以"提升服务满意度"为工作目标，通过95598服务热线，对电力营销服务工作中的问题进行及时、全面的解答。通过分析反馈、分层改进和监督检查，对电力营销服务各项工作进行评估，务求解决营销服务中的各类难题。同时，强调全员参与、全过程控制、全方位推进，着力消除服务中的薄弱环节，提升供电服务规范化水平。通过对营销主要业务、服务和资源情况的全程实时监控，实现管理精益化目标。对日常业务衔接情况进行监控、督办和指挥，促进客户服务管理工作的有序和高效。集约、共享各专业综合信息，加强对跨专业间信息的比较、分析，打破专业壁垒。加强营销安全风险防范与管理，结合当前优质服务工作各项要求，建立投诉举报管理体系，提高投诉举报的查处力度和处理效率，同时针对投诉举报中暴露出的问题，举一反三，不断整改，规避服务风险，提升服务质量。

3. 对电力营销服务关键点进行闭环管理

在电力营销服务体系中，运用PDCA闭环管理，梳理营销服务关键点，主动去发现问题，解决问题。在PDCA闭环管理中，通过梳理各主要工作环节，协调好信息接入、业务受理、业务处理、分析反馈、热点问题、分层改进、检查评估、客户满意度回访、完善管理标准等关键节点中的问题。同时，加强制度建设，特别是针对营销流程中的关键点，以完善营销管理制度方式，实现对跨职能、跨部门问题的有效协同，从而达到制度、人与行为的步调一致。

4. 完善绩效考核责任制

结合电力营销服务所涉及的各个业务窗口，通过完善相应部门的绩效考核体系，引入绩效考核指标，实现对营销服务工作的规范化管理。如从服务规范性、工单填写准确性、工单流程正确性、服务处理及时性、客户满意度等方面进行考核，落实全面质量监控与考评体系。考评项目可以根据实际业务分为用电业务咨询、故障抢修、投诉举报处理等，考评时可采用实时监听、录音抽检、工单抽检、客户回访等方式进行，给予连续完成绩效考核的员工一定形式的鼓励。

5. 引入第三方监督评价

为了进一步提升电力营销服务质量，通过建立第三方监督评价平台，聘请各行业社会监督员，成立专门的第三方监督组织，会同电力营销各部门相关人员，定期对电力营销服务工作进行全面监督。如通过暗访方式，对营业窗口、收费网点、应急服务等服务场所进行监督评价；采用随机检查方式、意见调查方式，对各项服务工作改进情况进行监督，切实形成内外部监督合力。

6. 实施业扩回访制度

了解业扩服务质量和服务隐患，感知客户需求；针对大客户，每年定期上门走访，组织大客户恳谈会，了解客户需求，解决难题；对企事业单位以及城网高压客户，建立重要客户联系制度，针对居民用户，建立社区服务示范站，结合服务进社区活动，发放用户意见卡、调查问卷、用户信息反馈表等，倾听客户意见和建议，将对客户的意见征集工作纳入常态化管理。

在供电服务监督保障体系建设过程中，采用多种手段持续对体系进行评估：①从理论上证明监督评价体系建设的可行性、科学性和完备性；②通过收集客户意见建议，尽量缩小服务标准与客户需求之间的差距；③通过与一线服务人员、管理人员及外部专家进行多次调研，确定体系的合理性和适用性；④根据实际工作的反馈，不断对监督评价体系进行局部调整，持续改进和自我完善，以保障对优质服务的全过程控制和关口前移。

(五) 电力营销系统运行安全管理体系

营销系统的安全运行关系到整个电力企业各项工作、任务的稳步开展，特别是近年来各类营销软件系统的开发与应用，对由此带来的数据安全、网络安全等风险，更需要给予高度重视。当前，电力企业营销系统运行安全风险，主要有网络安全风险、操作人员操控风险等问题，主要从三方面来完善。

1. 完善责任问责制，提升营销系统管理安全性

电力企业营销系统软件的安全管理，要加强管理制度的完善，平时工作中要对各项系统安全进行关注。系统软件运行中的风险、意外，都可能造成

不同程度的损失。如数据丢失，营销系统瘫痪或崩溃，都将直接影响营销系统的正常运行。一方面，加强构建系统灾难恢复系统应急预案，针对各类系统硬件、软件服务中的风险问题，尽可能降低风险发生率；另一方面，落实责任问责制，对整个营销系统软硬件设施设备进行统合分级划定责任，将各项系统运行、维护、重建工作落实到人，对各系统中的数据、各项程序清单进行备份，以最大化恢复到最佳状态。

2. 强调各操作人员专业技能培训，确保系统各项操作零失误

考虑到电力营销业务中各系统数据的复杂性、多样性，很多业务在数据收集中可能存在不一致，为了提升各项业务数据的准确性，特别是一线岗位操作人员，要从自身专业知识、技能培训出发，提高自身安全操作水平。如建立定期专业知识培训制度，加强对营销网络系统的学习，了解各项业务数据安全，注重安全指标的分解，落实网络安全运行责任制，确保数据绝对安全。另外，在员工培训方面，还要加强相关纪律、制度的建设与规范，对可能存在的安全问题进行剖析，防范安全漏洞再次发生。

3. 加强软硬件技术革新，提高系统安全性

对于电力营销系统安全管理，要建立定期升级制度，对可能存在的各类系统安全风险进行防范。如雷击风险，可能对计算机系统造成破坏，对各类电子设备带来损坏。在软件防火墙、网络病毒防范上，要加强对电力系统营销软件的维护与升级，切实提高系统运行安全环境。

五、电力企业营销风险防控体系

在电力企业营销管理工作中，风险的存在是客观的，对营销决策而言，如果出现失误，可能给企业带来不可估量的后果。如市场调研不充分、对目标用户细分不科学、对营销服务工作落实不到位、对调查数据审核不严谨、对相关决定执行不到位等等。事实上，围绕电力企业市场营销管理的各类风险是复杂的、多样的，因此，需要从营销风险防控体系建设上，制订相关策略和防控措施，提高营销服务管理质量和水平。

(一) 对电力企业营销风险预防策略的科学应用

1. 营销风险的事前管理

风险管理的全面实施,要突出事前策略的规划,为电力企业市场营销建立科学的风险防范体系。运用风险管理,就是要在企业市场营销、经营管理工作中,对企业所面临的各类潜在风险、不确定性因素进行全面分析,探讨这些可能发生的风险对企业的影响程度,尽可能采取必要措施来防范风险的发生,降低营销风险对企业的负面影响。通常,需要建立风险防控体系,对于电力企业风险防控,其着眼点在于企业内部管理,主要是防范企业未来可能存在的潜在风险。对于风险管理,也是围绕企业营销风险发生实际,对相关风险要素进行研判,制定优化措施和应对预案,以降低风险损失。在企业内部管理中,每一位员工,包括企业管理者在内,都要树立风险防范意识,要通过风险意识培训活动,提高全体员工的风险意识,并在思想上形成共识,让风险预防成为每个员工的自发诉求。建立风险管理组织机构,通过成立专门的风险防范部门,推进企业全面风险管控体系建设。如建立完善的风险管理体系,完善风险管理制度,完善与客户信息、电费欠费相关的各类措施。

科学是营销管理策略的实施,需要建立在良性风险管控机制上。电力企业在市场营销风险管理中,要围绕电力产品,形成与电力市场相符合的营销管理模式。转变营销观念,倡导优质服务,明确营销战略规划的地位和作用,推进营销策略的有序落实。如在电价确定上,要积极、充分进行市场调研,考虑到不同地区经济发展实际,设定合理的定价策略。对于营销风险的管控,电力企业管理者要给予高度重视。对于风险,无论是还未出现,还是未造成严重破坏性后果前,都要确立风险管理重心,增强风险预防意识,对各项风险管控措施落实到位。对于风险的管控,必须强调风险管控能力的提升,要通过预防措施,化解可能风险,要将风险管理纳入日常运营工作中,将风险管理目标、任务、责任落实到人。

2. 营销风险的事中管理

针对营销风险的应对,要依法规范推进。电力企业通过建立和完善相关法律法规体系，从法律层面来健全营销风险防控机制，对企业市场营销所面临的各类风险，进行合法处置。如通过构建企业法律顾问制度，将企业的高层与法律顾问以及企业内部的各个职能部门等加入到整个的企业法律体系之中。努力实现与企业内部各个部门之间的相互关联、相互兼容，以避免出现一些现有系统和新营销策略之间的矛盾与冲突，要从组织领导、管理、整顿监管、问题纠察等方面，严格管控企业经营，明确完善企业管理的各项制度规范和企业日常操作流程，向员工教育灌输风险及法律意识，强化管理，尽早消灭可能会存在的管理纰漏，尽量做到将整个风险控制在可控范围之内。在电力企业运营管理中，尽管已经形成严格的风险管理体系，但还要关注企业运营管理制度与国家相关法律法规的协调问题。如通过完善企业资信、合同和营销制度，实现对企业运营风险管理与监督。突出强调风险预警机制的建立，尽量规避可能会出现的风险，建立完善围绕企业目前、未来可能发生的法律纠纷的预防及管理制度，努力构建起整套的风险评估、管控的一系列制度，保证企业在日常的管理运营之中能够及时对可能出现的风险做出定期调查分析，努力降低风险发生的可能性，及时规避，实现企业整体运营的科学化。

  加强电力企业安全生产管理，结合电力行业特点，制订科学合理的安全生产规章制度。针对电力营销中各类违反安全生产操作规程的人员，要坚决处罚，做到"零"容忍，真正让每个员工都树立安全操作规范意识。加强预防体系建设，提前做好各项风险预案和预防措施。根据安全生产需要，各电力企业也可以定期进行安全演练，对企业营销各关键环节进行检查，做到无死角，将风险、危机消解于萌芽状态。加强员工技能培训，特别是一线岗位人员，要从专业技术培训活动中，让员工规范作业。如对电网接线方式、设备运行原理、事故发生原理等知识进行学习，让员工能提早做好潜在风险的防控，及时排除可能风险。加强机电保护专业安全管理，对各类电力通信网络进行全面检查，编制风险评估报告，消除通信系统风险。最后，落实安全生产责任制，围绕各个营销环节、营销节点，对相关安全指标进行量化，引入闭环管理手段，确保各项工作安全、有序、可靠、稳定。

3. 营销风险的事后管理

针对营销工作中的风险事故,首先要对风险事故原因进行调查,追究相关责任人的责任。营销风险发生后,要及时组织相关人员开展事故分析会,相关事故责任人、分管部门领导、安监人员、班组及当事人等都必须出席,结合风险事故发生实际情况,对相关事故过程进行陈述,查明事故原因;其次,将风险事故作为案例,对相关人员进行安全教育,必要时追究其法律责任,结合风险案件,认真学习和总结经验、教训,让广大员工引以为戒,从风险事故中提高警惕;最后,做好风险的整改,并对防范措施进行落实。各类风险事故的发生,对各部门及责任人都提出了更高要求,要结合事故影响,限期整改。整改后要上报相关部门,对其进行验收,防范类似风险再次发生。

(二)构建电力企业营销风险防控管理体系

从整个电力系统市场化转型过程来看,电力市场的服务意识明显提升。但与整个电力消费市场相比,其所提供的服务还远远不够。很多电力企业在营销服务上,意识不强,缺乏主动观念,对用户多样化需求无法有效满足。从消除营销风险视角,就电力企业如何构建营销风险防控体系,着力从以下几个方面展开。

1. 组建营销风险管理职能机构

在电力企业营销风险防控管理体系中,明确风险管控组织机构是首要任务。结合各电力企业组织结构实际,在营销风险组织建设上,主要包括五级体系:第一层级为总经理,其职责为明确营销风险管理地位,从宏观上把控营销风险,对企业营销风险管理工作进行批示,对特殊、重大风险事故进行上报;第二层级为营销部主任,以及企业安全监察部门负责人。其职责主要对企业营销风险进行监控,并针对风险事故,督导各部门跟进工作,完善制度,化解风险与矛盾;第三层级为各部门负责人及监管负责人,其职责主要是承担各部门风险信息搜集、风险问题应对责任,制定风险预警体系,拟定风险规避方案,对存在的最大风险事故,向上级领导汇报并落实反馈工作;第四层级为各电力部门班组负责人,其职责主要起到上下衔接作用,对各类风险源、风险问题进行识别、分析、监督，针对存在的风险问题，向上级部门及领导汇报，并将上级建议反馈到班组工作中；第五层级为风险管控安全人员，也是最接近风险源的人员，主要针对风险问题，向上级进行汇报，并落实上级风险管控制度。

2. 对营销风险管理业务流程进行优化

电力企业营销风险的管理与应对，需要建立在具体业务流程上。各风险管控部门、安全管理人员，要结合不同业务领域，重新优化风险管控流程，提高风险管控效能。结合电力营销风险管理实际，对现有风险管控措施、流程进行梳理。如优化风险管理制度，对相关部门、人员进行配置优化，对风险源识别、评估方案进行优化，对各项业务流程进行再造。如对营销风险管理流程纵向面，主要从风险导入、识别、评价、控制与反馈等环节进行优化；对营销风险管理横向面，主要从可能风险监督的人员配置、责任划分、规范化操作等方面进行落实；对营销风险业务层次进行简化，如从风险目标确定、风险因素识别、风险类型归类、风险等级评估、营销方案优化、应急预案实施等方面进行完善。

3. 营销风险管理制度标准的制定

完善的制度必须严格执行才能发挥其应有效果。在电力企业营销风险防控制度建设上，要着力通过制度来提升营销人员的风险防控意识，通过监督机制来提高营销人员的制度执行力，以最大程度降低电力企业因人为因素而导致的营销风险。根据电力企业风险管理目标，在制度建设上需要注意几点：①制度建设的完整性：围绕电力企业市场营销风险管理现状，尽可能完善风险管理制度，覆盖企业营销、运营的各个环节，让每一个员工都参与到风险管控体系中，确保整个营销风险管控系统顺畅运行；②制度建设的合理性：对于营销风险防控制度，要与企业营销工作实际相匹配，要顺应企业发展实际，突出制度建设的针对性，对于各项风险管控措施，要合理、有效，确保适用性和可操作性；③制度建设的规范性：所谓规范性，就是要让各类营销风险管理措施符合国家、行业相关法律法规要求；④制度建设的平等性：针对营销风险管控制度，各个层级、各个部门、各个人员，要一视同仁，不能存在职责上的差异性。因此，营销风险制度建设应该作为电力企业重要工作来抓，要结合企业自身实际，对各项制度进行合理规划，分步有序落实到位。

4. 营销风险管理预警防控保障体系

营销风险防控预警机制建设，将风险的识别、风险评估作为基础，引入动态预警机制来确保风险管控效能，主要有四种：①人工预警：结合电力企业营销风险管控任务，通过人工监督来落实风险管控工作，在风险因子、风险阈值设定上，充分利用营销人员职业敏锐性及观察力，对可能存在的营销风险、风险等级进行评估、上报，并引入事先预案来进行风险防控；②自动预警：该方法主要是利用现代软件及市场营销风险自动识别平台，对各类风险因子预设阈值，以满足对风险的自动识别和报警；③实时预警：该方式主要结合营销业务、作业过程，将人工与自动预警相结合，来实现对营销过程的实时动态监控；④定期预警：该方式主要是基于大数据分析，对可能存在的风险进行预警。营销风险的出现，有时间、因素、频率等可以参考，通过预警参数来进行防控。当然，对电力企业营销风险管理与防控体系建设，还要认识到电力企业分支机构庞大，内部职能部门分散且多元，对风险的类型、诱因、影响程度也各不相同。因此，在优化营销风险预警机制时，要注重对多种预警方式的组合运用。如利用现代信息技术，开发融合声音、视频等方式的混合型预警系统，对营销风险相关数据、风险等级、风险因子等进行全面整理与分类，并通过数据库技术、智能终端系统进行链接，来实现对营销风险的动态化、直观化显示，提高风险管控预警水平。

5. 营销风险防控保障体系

加强营销风险应急管理，必须从风险预警保障制度、保障体系建设上，确保各项营销风险预警工作处于良性状态。

（1）完善营销风险应急组织

风险发生后，对应急体系相关职责、人员进行合理分工，确保各项应急小组能够协同一致，统一领导，快速回应。

(2) 制订风险应急预案

针对营销风险可能发生的实际情况，要提前做好应急预案。如对可能发生的重大风险，从降低风险危害，减少企业损失上提出有效的处置建议和方法，优化资源配置效率，弥补经济损失，提升风险应急处置效率。

(3) 完善风险应急保障措施

从提升营销风险管控成效上，主要从物资配置上，为应急预案提供物资保障；在技术层面上，从人员、技术、设施设备等方面，确保应急预案落实。

(4) 加强应急培训与演练

围绕营销风险，制订相应的应急演练制度，开展模拟营销风险识别、风险评估、风险防控与应急预案作业，提高营销风险化解能力。

第二节 基于电力营销风险的稽查创新体系建设

风险评估的最终目的在于防范风险，减少企业损失。在电力营销管理体系中，对风险的防范除了需要完善风险防控机制外，还要构建电力营销稽查体系。电力营销工作，在于挖掘电力用户的多方面需求，并通过制订相应的营销策划策略，来提升电力营销绩效，改善电力服务质量。电力营销稽查工作的开展，主要从稽查职能上，利用相关法律法规及监管措施，来对电力营销中可能的风险进行监督防控。电力稽查是电力监管行政执法的一个重要组成部分，在电力市场化改革进程中扮演了重要角色。电力营销市场稽查的科学方法是构建一个市场检测指标体系，可利用该体系进行综合评价，能够表征电力市场的不稳定性，将电力市场信息与市场监测联系起来，保证了市场监测的顺利实现，发挥电力监测的预警和监控等作用。

一、电力营销稽查内涵及作用

(一) 电力营销稽查

对于电力企业营销稽查，其概念可理解为"采用有效的方法和手段进行可控的、可行的质量监督与检查"。由于电力营销过程中存在一定的风险问题，借助于电力营销稽查工作，来有效地防控和改进电力营销服务质量。与其他工作不同的是，电力营销稽查工作内涵更加丰富。如作为一种内在控制机制，包括稽核和督查工作。利用稽查手段对电力营销人员的行为监督、检查，从而提高营销工作质量，并在此基础上实现企业效益的整体提升；同样，借助于电力营销稽查，还可对电力营销中的责任事故进行提前预判，并提出整改意见，来减少营销事故的发生。总体而言，电力营销稽查工作主要包括：以电力计量装置为核心的计量稽查，以电费征缴和电价执行为核心的电价电费稽查，以消费者为中心的用电服务稽查，以及以电力营销为核心的营销稽查等。

（二）电力营销稽查对降低电力营销风险的积极作用

从我国电力企业内部稽查工作机制来看，依据相关法律法规要求，基本上都建立了电力营销稽查相关管理规定。如对电力营销人员的工作职责和工作内容的规定，对电力营销稽查工作内容的规定，对电力营销稽查工作方法、流程、制度等的建设。电力营销稽查的目的是保证供电企业在营销活动中实现规范化、标准化、制度化操作，形成相对完善的自我约束机制，避免管理经营中的失误和漏洞。在这个目标下，需要对电力营销的全过程实现营销业务的内部监督和检查，具体方式是通过识别、处理和估测营销过程中存在的风险，从而达到防控风险的目标。其作用表现在：

1. 电力营销稽查可以有效识别营销风险

在大量的统计数据下，通过对数据的深入研究、分析，可以较好地识别风险，并形成相对较精确的风险预警。电力营销业务涵盖内容丰富，因此管理范围也较大，为了保证风险最小化，对每一个业务关键点进行监控，人员可以有效识别其行为中的风险。通过常态、专项稽查，对业扩报装、计量管理、客户服务等各个业务的关键环节进行全面检查，可以及时掌握各项业务在哪些环节存在问题，从而较好的识别个体风险，增加可靠性。另外，个体的稽查数据同时也为营销风险的分析提供了翔实的数据信息。

2. 电力营销稽查可以对风险进行准确估测

风险估测是一种以风险识别为基础对相关事件中风险发生的概率、损害程度进行估计和预测的行为。根据风险估测理论，稽查实现的营销风险识别为供电企业分析各类风险事项发生的可能性、频率、周期提供了数据支持，供电企业也可以通过此对客户服务工作和电力营销的损害程度划定风险处理的优先级别，从而准确估测营销风险。电力营销稽查的主要工作模式有两种——专项稽查和常态稽查。将风险事项按月度、季度、年度周期整理，针对性地分析风险存在的原因，将有助于衡量风险可能造成的影响程度和后果。风险存在时，确定风险事项、执行相应程序、对事项进行整改以规避风险，最后提出整改意见、制订整改措施和防范措施。稽查可以重点调查客户反映较多的问题。例如在欠费复电超期问题上，通过调查可以确定是企业人员服务意识欠缺还是相关人员监督管理不到位引起的，是个案还是普遍存在的，最后实现评估其发生问题的深层次原因，并实现对处理效果的评估。

3. 电力营销稽查可以对风险进行有效处理

除了可以对营销风险进行识别和评估外，电力营销稽查还可以对风险进行有效处理。首先，在企业内部工作人员中将树立风险管理意识，提高敏感度，做好风险管控工作，从而提高企业整体风险管理水平与抵御风险能力，保证电力营销业务管理经营的健康持续发展；其次，电力营销稽查的整改意见及措施的制订是要求责任单位督促其落实整改，而对于非责任单位，要对照其进行自查，在各单位实现风险事项的闭环管理，做到及时防范、化解和控制各类营销风险；另外，电力营销稽查将加强制度的不断建设和完善，通过实践，完成各部门及岗位的职能分工，改善内部制度的可操作性，利于形成企业内部具有有效约束的业务处理机制；最后，电力稽查工作中的"前、中、后"的三道防线，即事前预测、事中控制、事后评估的角度将帮助企业实现全面的风险管理。

4. 电力营销稽查可促进风险管理体系的建立和完善

建立营销业务风险管理体系是企业加强风险管理、预防风险的前提。在供电领域中引进全面风险管理理念，引进科学的营销风险防范机制，采取风险管控措施，分析营销风险中的因素，设计营销业务风险管理标准，从而实现对营销系统风险管理体系的完善构建。营销业务风险管理体系将有助于规范营销业务，减少营销风险事故，整合内部结构，提高企业服务质量，进而树立良好的品牌形象。电力营销业务风险管理体系的建立是在营销稽查的有效支持下完成的，没有稽查，就没有风险管理体系。电力营销稽查为风险库提供素材，为体系的建立提供标准及评价模型，这也是对业务进行风险监控和风险评估的过程。电力营销稽查的实施可进一步完善风险预警及应急响应机制。在电力企业中展开营销稽查工作，可以建立相对系统的、科学的、可持续改进的营销业务风险管理体系，为实践提供指导，对管理中的风险实现避让，达到消除和降低潜在经营风险、法律风险和社会风险以及人身风险的目的，达到风险在控、可控、预控的目标。

二、基于电力营销风险的稽查创新体系

构建电力营销稽查管理体系首先要了解电力市场的业务运行现状，并根据实际业务运行发现的诸多问题，来预测电力市场发展趋势，合理部署电力营销稽查管理体系，建立电力营销稽查管理效果评价体系，其评价结果能有效地指导电力营销管理中的决策，将营销专业潜在的问题异动和潜在风险及时准确地传达给所有层面，以便领导层做出决策，管理层调整管理方向，实施层整改预防。

（一）电力营销风险稽查管理体系的构建

在电力营销稽查的过程中，需要对用户的电价管理、电能表检查和针对客户的各种服务等业务进行多维度的稽查，包括常态稽查和专项稽查等工作，从而能够了解在实际情况中存在的问题和管理方面存在的不足，识别出电力营销工作中存在的风险，为其提供相关的评估与预警。深入分析电力营销稽查工作的特征指标集，以电力营销稽查管理工作为电力企业挽回经济成效，提升电力企业自身管理效率及电力用户对于电力企业的满意度，其一般流程如下：

1. 确定营销稽查的目标

电力企业为了建立有效的营销稽查管理体系，首先应确定营销稽查的目标，确定电力企业预计通过营销稽查工作达到什么样的目的。电力营销稽查目标主要有三个方面：提高经济效益、管理效率和服务质量。

（1）提高经济效益

国内电力营销稽查存在问题可影响到营销业务中各项电费、业务费等费用的及时、准确收取，从不同方面给电力企业造成经济损失。通过营销稽查工作的开展查出这些损失的成因和来源，为避免这些费用的少收、漏收、迟收，制订相应的整改措施，将这些经济损失追回，提高企业的经济效益。

（2）提高管理效率

从长期营销稽查反馈的梳理中反映出由于人为、系统及用电环境等原因造成的各种营销专业管理手段落后、人员专业技术水平不足、专业操作不规范等导致管理效率较低的问题。通过营销稽查工作发现这些问题，来达到提高企业管理效率的目的。

（3）提高服务质量

近年来，客户的满意度对一个企业来说越来越重要，优质的服务质量也成为衡量企业管理水平的标准之一，通过营销稽查监控营销活动中的不足之处，通过整改来满足客户的各种需求，达到提高企业服务质量的目标。

2. 电力营销稽查指标集的确立

以提升电力企业经济效益、管理效率和供电服务质量为目标，对电力营销稽查指标归集如下：①业扩报装稽查管理：业扩报装稽查管理的主要工作有：现场勘查、制订供电方案、用电业务受理、装表接电、业扩工程管理、业务费收取、检查营业收费项目、标准及依据是否符合规定等；②电价电费稽查管理：主要工作有：抄表质量的管理，容量、电量、电费的异常处理，电费收取的准确、及时及规范性，电费发票管理，不同行业不同用电性质的各类电价的管理等；③用电检查稽查管理：对用电客户用电情况开展检查业务，依照国家制定的用电检查管理办法的规定，定期和不定期对客户用电情况进行安全检查；④电能计量稽查管理：电能计量管理是电力市场交易结算的依据，依据法律法规，对用户电能计量现场进行稽查管理；⑤供用电合同稽查管理：规范电力供应合同的签订，规范客户用电业务变更的管理，检查合同和电费回收预警机制的条件，规避经营风险；⑥客户服务稽查管理。对电力企业及其员工参与客户供电的具体业务进行稽查，包括抄表、计费和用电检查，"95598"客户服务工作，以及故障抢修到达现场时间和故障处理情况，投诉、举报等电话业务规范情况，停、送电信息的统计、分析、发布与更新等；⑦线损稽查管理：主要配合其他部门，对窃电、线损异常等问题进行检查。

（二）预警防控

建立预警防控体系、业务稽查体系和质量评价体系，构成供电企业营销稽查业务模式，实现营销业务管控从被动式、事后式、单一式向主动式、全过程、立体式转变。通过构建预警防控体系，新增营销业务质量事前预警和事中管控业务；通过构建业务稽查体系，进一步强化事后稽查，确保营销问题整改到位；通过构建质量评价体系新增分析统计业务，实现各单位不同维度的营销质量评价。

预警防控建设中，首先拓展了营销稽查的原始数据范围，在原来营销业务应用系统、采集系统、95598应用系统的基础上，新增营配贯通系统、电费充值卡应用系统、供电所实时监控平台系统等营销业务工作相关的应用系统，建立系统间的勾稽关系，同时将影响营销基础的核心业务纳入系统监控，对影响量价费的业扩报装和电能计量等业务过程中产生的业务参数进行深入分析，制订一定的营销业务工作标准在系统内设置为监控阈值，系统对于超过阈值的异动情况进行及时预警，发布预警信息，按照异动问题的严重性分层分级通过微信、短信通知、在线提醒等方式发布预警信息。

在业务开展方面，主要优化的内容有：

1. 建立分级管控业务模型

建立科学的分级管控机制，明确每个管控层级的部门及相关岗位，建立全省或全市标准管控岗位，从业务班长到单位分管领导进行层层把关，实现全员预警。业务管控模型中业务预警项目根据预警阈值设置，可设置成一级预警、二级预警、三级预警、四级预警、五级预警，业务人员可根据业务的实际需要自行选择配置预警项等级。由一级向五级，业务差错程度或问题严重性递增，设置相应的岗位开展业务，其中一级管控岗位，主要为基层班组管理人员，如各业务班长、业务处室技术人员等，二级管控岗位主要为业务处室管理人员及业务专职，三级管控岗位主要为各专业处室的主任，四级管控岗位为营销部主任，五级管控岗位为供电企业分管营销业务的领导。同时将第三级设为差错考核临界点，达到该等级及以上的预警数据都为差错类数据，作为绩效考核的依据。预警对象设计为可根据业务需要进行灵活设置，根据营销系统的组织结构，批量选择不同层次的单位和部门。支持预警信息可定点发送至某岗位，也可发送至具体人员。不同等级的预警信息可由管理人员自行配置，针对性地发送至不同层次的预警对象。

2. 建立灵活的主题库管理机制

通过主题库管理流程，为各地市公司建立了可根据业务开展需要随时申请新增主题的通道。各地市公司提出申请后，省公司营销部审批，审批同意后由运维人员完成主题库开发及配置，完成后通过短信告知申请人员。在预警主题设置时，将营销同业对标关键指标全部纳入系统管控，同时开展指标质量管控和提升管控，定期和不定期对指标发展的趋势进行统计和分析，通过对影响指标发展的各类因素的分析，建立指标预警项与业务预警项的关联关系，直观地反映预警指标值与预警业务之间的联动关系。设置预警项，对影响指标提升的业务进行预警，对指标造成结果影响的业务项进行分析，建立过程管控、过程预警、结果分析相结合的工作机制，确保指标完成的质量。预警项按每日清单或当月累计值发布相关信息，业务人员可随时查看指标预警或完成情况，既方便又直观，达到了实时管控弱项指标的目标，缓解了部分指标统计只能事后分析的困局，达到了指标过程监控的目的。对于在业务稽查时发现的直接影响指标的业务，同步提炼成监控主题，纳入管控范围。

3. 构建丰富的预警网络

创新建立"线上实时预警、线下及时整改"的O2O异常数据预警发布网络。

在营销异常数据产生的第一时间，系统可以通过微信、短信等方式将异常预警信息告知相关人员，尽可能缩短异常问题产生与传达至业务人员之间的时间差，提升异常信息发布的实时性，从而提高异常数据处理的及时性，尽可能在业务结束前完成整改，严防业务执行不规范点形成事实。预警方式建设应趋于多样化和个性化：为营销专业的业务人员和管理人员提供在线查询、新增短信、微信等即时通知的形式，支持不同预警项目选择不同预警方式。预警方式为"在线查询"的，根据分级预警管控机制，对符合本人预警条件的预警信息通过弹出框形式进行实时通知，用户可通过预警监控功能在线查询预警清单，其中不同的预警等级在系统中分别以不同颜色进行高亮标注提醒。预警方式为"短信"的，根据预警方式设置不同，对预警项目的分级阀值设定，针对不同主题对符合本人预警条件的预警信息通过按单条清单或按记录总数生成短信，为防止短信产生量太多，从二级预警开始生成短信且短信预警对象可向下兼容，即二级预警短信除发送给当前预警人员外同时会发送给一级预警人员，实现信息共享。

4. 完善预警信息闭环管理

预警信息生成后通过短信或在线方式对相关人员进行预警，同时管理人员通过预警监控页面实时监控当日各单位预警量、处理量、趋势量及对自己的预警量，同时将预警量通过下级单位分布、各专业分布及各预警等级分布情况进行直观展示，对预警严重单位、预警等级较高数据发起督办任务，要求各业务班组及时处理，对已发起且未完成的督办任务及时进行短信催办。业务人员预警数据处理完成后可通过平台进行数据手工验证，如验证通过则解除预警，验证未通过则继续预警，直至数据处理完成。同时预警数据每次抽取时会对上一次数据做自动验证，如验证通过则进行预警解除。

（二）业务稽查

业务稽查管理从稽查主题库管理、稽查工作应用和稽查工作成效三方面建设完善。

1. 优化稽查流程，提高业务处理的便捷性

融合在线稽查、专项稽查和现场稽查三类流程，从不同系统中进行集成，实现系统间穿透闭环。省公司或地市单位在征集稽查需求，增补稽查主题，完善稽查内容定制，自行选择稽查主题后，通过相应的流程将异常数据下发基层单位并要求开展处理整改工作。稽查异常工单任务下发后，根据稽查清单所在单位自动拆分工单，同时通过市县两级稽查人员的配置，实现稽查工单自动派工，减少人员操作。稽查异常工单任务下发后，经市县两级稽查人员数据筛选，筛选完成后通过接口直接将派工记录派到营销系统相应的业务人员，业务人员进行业务流程整改，等整改结束提交稽查人员审核并可结束稽查工单。

2. 建立稽查问题管理的规范化管理流程

对稽查问题管理进行信息化改造，建立稽查问题立项、处理、销号等环节的闭环管理流程，省公司、地市公司基层单位逐级提交完善制度标准，加强营销管理、系统完善、功能消缺等方面的业务问题，由上级单位进行评估和组织实施，完成后再对问题进行销号，实现问题闭环；同时通过平台将完善的制度内容或消息及时发布，快速传递到各基层单位。

3. 统一信息报送流程

新增信息报送流程，地市公司基层单位可逐级提出信息报送申请，由上级单位完成审核、审批等环节，并可实时跟踪及查询各单位上报的内容，同时对信息报送内容进行归类，实现信息报送的统一管理。信息报送分专项稽查报告、月（周）报、典型案例等。

三、电力营销稽查管理效果评价体系

电力企业营销稽查管理效果评价体系以经济效益、管理效率和服务质量为评价对象，显示七项指标集对评价对象的影响程度，以及对企业营销稽查管理水平效果的影响程度。电力企业运营监控中心通过构建的营销稽查管理体系模型及其评价体系，完成对营销各项业务的常态与专项监控。针对不同时期、不同性质、不同行业和不同地区的异常问题派发稽查任务，被稽查的

执行单位反馈异动问题产生的原因，并制订整改措施，及时按计划完成整改任务。运营中心通过抽取各个营销业务系统数据库相应数据以及现场调查的方式对稽查任务的整改情况进行跟踪，对跟踪结果进行梳理分析后进行评价并提出相应的营销稽查管理改进意见。

(一) 建立质量评价模型

当前的营销稽查工作质量缺乏有效的评价体系，对基层缺乏稽查业务工作质量的量化考量。为有效评价各单位营销稽查工作开展情况，必须围绕营销关键业务和薄弱环节，筛选确定营销业务关键主题，根据专业积分模型，建立评价体系，按月发布评价结果，方便各单位直观了解营销稽查工作开展情况。建立质量评价模型，以量化积分的形式反映整体工作质量，并细分业务质量和管控质量，业务质量评价指标保证预警管控有效率进行，管控质量评价指标为重复工单数和抽检不合格工单数。

1. 评价内容

质量评价模型共分为电费电价、营业规范、计量规范三个专业，并分别设置评价子项。如电费电价：重点设置反映电费电价相关业务执行情况的过程性主题，按照固定权重30分、动态权重X分设置，分为"抄表规范率""账务规范率""电价规范率""电费规范率"四个方面。"抄表规范率"针对周期核抄、分次结算等关键业务环节分别设置主题；"账务规范率"针对账务销账、电费发行等关键业务环节设置主题；"电价规范率"针对定量定比核定、分类电价执行等关键业务环节设置主题；"电费规范率"针对分时电价执行、用户线损计算等关键业务环节设置主题。营业规范：重点设置反映营业业扩相关业务执行情况的过程性主题，按照固定权重30分、动态权重X分设置，分为"业扩报装服务规范率""用户现场用电规范率""流程操作规范率""业务费收费规范率""营配调数据规范率"五个方面。"业扩报装服务规范率"针对业扩服务时限、业扩专业协同关键业务环节设置主题；"用户现场用电规范率"针对变压器超容量用电监控、农排大电量监控等关键业务环节设置主题；"流程操作规范率"针对峰谷电价参数设置、表计配置等关键业务环节设置主题；"业务费收费规范率"针对临时用电管理、申请验表费收取等关键业务环节设置主题;"营配调数据规范率"针对台区线损管理、公用变压器类型及联系人信息维护等关键业务环节设置主题。计量规范:重点设置反映计量采集相关业务执行情况的过程性主题,针对日均采集成功率管控、计量资产管理等关键业务环节,共设置9个主题,按照固定权重30分、动态权重X分设置。

2. 权重分配

按照总分100分设置主题权重。其中,按年度调整的相对固定权重分值为90分,分别为电费电价30分,营业业扩30分,计量采集30分;按月动态调整的权重分值为10分,结合当前重点工作和前阶段发现的业务执行薄弱环节,以"本月重点关注"标签的方式,动态调整标签主题的权重分值。

3. 评价方法

按照零容忍主题、同业对标主题、目标值主题三类指标分别设置不同评价标准。零容忍主题是针对当月未发生三级及以上预警,主题值计为100%;当月发生三级及以上预警,则主题值计为0。同业对标主题是按同业对标指标的评价方法进行评价。目标值主题定义为当月每万户未发生三级及以上预警数的占比,对计算结果按目标值分段评价,达到该主题A段目标值,则计为100%,达到该主题B段目标值,则计为80%,达到该主题C段目标值,则计为60%,未达到该主题C段目标值,则计为0。根据营销业务质量评价体系所确定的主题及其权重和评价方法,对各主题进行加权汇总,按月发布各单位每月得分,并对结果进行分级评价。对得分达到95分以上的单位,评价为营销业务质量优秀;对得分达到90分以上的单位,评价为营销业务质量良好;对得分达到80分以上的单位,评价为营销业务质量一般;对得分低于70分的单位,评价为营销业务质量较差。

(二)基于营销风险电力稽查质量评价效果

基于营销风险电力稽查质量评价体系,能够及时准确地发现营销问题,防范风险发生。其效果评价为:①提升企业经济效益:如堵塞系统漏洞,挽回因系统漏洞造成的电费漏收、迟收问题,提高营销人员业务能力,规范了用户用电行为,防范电量浪费;②提高了营销服务管理效率,实现了电力营销管理向集中、精细、协同、高效方向转变,提升了电力营销业务管控力、制度执行力、服务监督力,提升了电力营销窗口服务效率,提高了用户满意度。

四、电力企业营销稽查管理工作创新对策

(一) 建立优良的电力营销稽查工作环境

在日益激烈的市场经济主导下,目前对于我国电力企业来说,面对其发展环境受到的挑战,必须拥有一个良好的电力营销稽查工作开展环境才能得以在市场经济下立足发展。首先,需要提升电力企业各层领导对电力营销工作管理的重视程度,让其充分认识企业内部管理对电力营销稽查工作的影响,从而在对开展电力营销稽查工作时,能够正确做出管理决策;其次,通过对电力企业全体工作人员开展培训教育工作,在企业内部营造适合开展电力营销稽查工作的环境,从而使工作人员认识到电力营销稽查工作的重要性;最后,构建良好的电力营销稽查工作环境的必要环节是不断培养电力营销稽查方面的工作人员,只有具备较高职业素养及电力营销稽查方面知识的职员,才能更好地营造电力营销稽查工作环境。

(二) 完善我国电力营销稽查工作管理的规章制度

在我国电力企业中,电力营销稽查工作管理体系主要分为两种——统一稽查和分级管理,但在实际管理运作中,电力企业可根据自己的人员配置和管理方式建立适合自身的电力营销稽查管理部门,并在电力企业内部实行统一领导和分级管理的责任体系。这样可以将电力营销稽查工作的管理和执行人员均衡地分散到企业各部门中,使其各司其职,但是在权责方面要做到统一,提高管理效益。另外,实行统一稽查和分级管理的两级电力营销稽查制度,可以为电力企业的分级单位储备专业工作人员以及资源,并且提高营销人员对工作的积极性,从而提高企业整体实力。

(三) 转变稽查工作观念,构建日常稽查工作常态机制

稽查人员要具有维护供电企业以及客户的合法权益不受侵害的理念。在稽查工作中,要保持其工作的连续性和稳定性,维护企业形象,要求企业在

开展稽查工作的过程中,保证优质的服务,注重用电稽查日常管理,首先是要明确责任分工,确保每个人都能保质保量完成任务。明确分工的好处在于,可以避免因职责分工不明而造成的一工多做现象,导致工作互相推脱积压,降低工作效率;其次通过合理安排工作计划、工作时间,提高工作效率,用电稽查工作要严格按照月份制定每月的工作计划,合理安排工作时间,避免平时空闲,稽查时间加班加点的极端现象。只有做到合理安排工作时间,并搞好日常管理工作,使大家的工作状态饱满而又轻松,才能提高工作效率。

(四)创新电力营销稽查管理手段

目前我国的电力营销稽查手段还比较落后,主要依靠人工对营销业务进行一一比对,检查资料查找可能出现的问题。对于稽查手段的改进,要充分利用高度发展的现代信息技术手段,开发基于计算机技术的稽查信息系统,实现电力营销稽查工作的现代化、流水化模式。用高效科学的信息系统取样方式取代落后的低效的手工取样,用对营销关键数据进行集中式实时化在线监控和稽查替代传统零散式滞后化的事后检查系统。将稽查工作重心转向以预防为主,形成"事中有监控、事后有分析"的新型营销稽查监控体系。另外,传统的稽查方式主要依靠稽查人员的经验对结果进行确认,缺乏统一的评价标准,其稽查结果在很多情况下主观性强而精准性不够。

(五)建立完善的电力营销稽查风险管控体系

电力需求的日益增长导致相应的销售服务要求也越来越高,社会大众对电作为商品的相关要求也越来越高。虽然,现在供电公司提供了多种面向大众的营销服务方式,但其营销水平的科学化、整体化水平不高,产业结构并不合理,究其原因,就是缺乏一个有力的电力营销风险管控体系。在此体系下,电力企业可有效地增强其内部控制能力,实现模式化经营。建设电力营销风险的管控体系,可以围绕形象风险、法律风险、信用风险等领域展开,识别、评估风险,对未产生的风险制订相应的风险等级评估方法和风险管控方法,建设全面的电力营销稽查管控体系。在整个风险管控体系中,稽查是要保证专业人员对营销管理信息的收集和处理,管控体系的切实运作将实现营销业务风险的可控、在控和预控,为建立营销稽查的监控、响应机制提供强有力的支持,从而提升电力企业的风险管控能力。

(六) 加强电力法律、法规的宣传

要更好地实现稽查效果,需要增加相关法律、法规的宣传力度,提高客户的意识,使"电能是商品,窃电违法""用电是你的权利,交费是你的义务"等共识深入人心,将大大提升稽查工作的效果。用电稽查工作在展开时,很多时候没有相应的行政执法手段,大部分需要通过供电企业的强迫力去实现,而企业的强迫力是有限的,因此必须和公安机关联合起来,建立一个能够长期密切合作的常态机制,依靠职能部门进行用电稽查工作。现在供电稽查工作,主要依据《中华人民共和国电力法》《电力供应与使用条例》《供电营业规则》《用电检查管理办法》等法律,这些法律难以满足现阶段稽查工作的需要,还需要相关部门尽快出台和完善、修订相关法律法规。

第三节 电力营销业务数字化内控体系

新一轮信息技术革命蓬勃发展,推动全球加速进入数字经济时代。按照国务院关于加快发展数字经济,推动实体经济和数字经济融合发展的重要部署,国资委印发了《关于加快推进国有企业数字化转型工作的通知》,为国企数字化转型指明了方向。

电网企业作为关系国家能源安全和国民经济命脉的特大型国有重点骨干企业,数字化是适应能源革命和数字革命相融并进趋势的必然选择,利用数字技术大力改造提升传统电网业务,是电网企业促进生产提质、经营提效、服务提升的内在要求。

当前,电力监管日趋严格,社会各界对电网企业履行社会责任、服务保障民生高度关注,依法治企和合规经营工作必须摆在突出位置。电力营销作为电网企业主营业务收入的最主要来源,营销工作直接面对千家万户,与社会各方面都有接触,亟须加强营销全业务、全流程、全环节监督管控,向精益管理要效益,助力企业提质增效、稳健经营。随着电力营销业务的快速发展，传统的业务管控模式和"人海战术"已越来越难以满足现代企业治理的需要，亟须利用数字赋能，构建"查改防"一体化的电力营销数字化稽查新模式，精准实施电力营销业务风险识别和防控，全面提升电力营销服务品质，不断满足人民日益增长的美好生活需要。

一、电力营销稽查数字化转型必要性

大数据时代下，电网企业自身发展应更加精益化、更加智能化，这就要求电力营销稽查工作必须要达到更精细、更实时的管控标准，但是传统的电力营销稽查管理工作，它的时效性、精准性已不能满足当前工作需要。为此，电网企业应以国家法律法规政策为支撑，再配套完善相关业务标准和服务规范，充分应用营销信息化成果和大数据分析技术，强化风险数据深度挖掘应用，创新风险预警手段，迭代风险溯源分析主题，拓展风险防控深度和广度，全面提升营销业务风险防控能力，推动电网企业经营效益和服务品质持续提升。

二、电力营销数字化稽查发展方向

电力营销业务开展中，有点多面广、业务量大、作业分散、流程复杂、时效性要求高、客户接触多等特点，近年来，新兴营销业务的崛起、客户服务需求的多样化和电力监管的日趋严格等多种因素，给电力营销稽查工作带来了新要求、提出了新挑战、指明了新方向。今后，电力营销稽查工作必须坚持数据驱动的技术路径，融合现行的各类电力营销业务系统资源和优势，建立数据业务中台，突出利用其数据深度挖掘、横向集成、综合分析，确保电力营销数字化稽查智能化、自动化、精准化水平全面提升。必须坚持防治结合的工作原则，深化稽查监控成果应用，推动事后稽查向事前预警、事中管控、事后治愈转变，确保从源头防范重大风险事件发生，营销业务风险可控在控。最终实现传统稽查向数字稽查转变、专业稽查向协同稽查转变、周期稽查向实时稽查转变、闭门稽查向移动稽查转变、被动稽查向自主稽查转变，切实构建一套健全的"查改防"一体化的电力营销数字化稽查新模式。

三、电力营销业务风险数字化内控体系要义

近年来,国家电网有限公司高度重视电力营销稽查工作与质量监督体系建设工作,建立了完整的组织体系、业务体系和制度体系,电力营销精益管理和供电优质服务水平持续提升,提质增效成果显著。但从近年历次内外部检查、审计、巡查暴露出的普发性、典型性、重大的各类问题来看,企业营销基础管理和营销业务风险防控仍存在一些薄弱环节,亟须强化信息化支撑,深化数字化转型,开展电力营销业务风险数字化内控体系建设,全面落实依法治企,全面夯实营销基础,防范营销重大风险,提升营销服务品质,推动营销高质量发展。

（一）建设思路

聚焦营销全业务、全流程、全环节风险点,建立健全涵盖"事前预警、事中管控、事后稽查"的营销业务风险数字化内控体系,强化信息化支撑,深化数字化转型,通过在电力营销业务应用系统中各业务环节内嵌校验规则,开展在途业务流程过程性预警防控以及结果性问题深度稽查,推进业务异常事前消缺、工作差错事中管控、业务质量事后把关,切实降低业务差错。完善分级预警、闭环管控、质量评价等工作机制,全面提升营销业务风险防控能力,推动电网企业经营效益和服务品质持续提升。

（二）建设原则

1. 坚持问题导向

聚焦营销工作质量问题和业务流程风险,重点关注高风险领域和专业,明确关键管控环节,及时发现并处置业务风险,推动营销管理水平持续提升。

2. 坚持数字赋能

应用营销信息化成果和大数据分析技术,强化风险数据深度挖掘应用,创新风险预警手段,迭代优化风险溯源分析主题,拓展风险防控深度和广度。

3. 坚持分级管控

建立分级管理、分级预警、分级督办的风险管控工作机制，覆盖营销全专业、贯穿管理各层级，实现全过程风险识别和管控。

4. 坚持协同闭环

强化横向专业协同，纵向各级联动，形成风险防控工作合力，强化问题闭环整治，协同高效推进风险防控工作。

（三）建设目标

构建营销全业务、全流程、全环节风险防控长效机制和信息化功能模块，基本建成"事前预警、事中管控、事后稽查"的营销业务风险管控新模式，实现对业务风险点的全面覆盖、分级防控、实时预警和快速响应。

（四）建设任务

建立营销业务风险数字化内控体系。坚持以防为主、防控结合，以省级电网企业为主体，落实风险防控责任，细化风险管控重点，构建数字化"嵌入式校验、过程化预警、结果性稽查"三道防线，强化"事前、事中、事后"全过程管控。

强化营销业务风险数字化内控功能建设。坚持实用、好用、管用，稳步推进信息系统"嵌入式校验、过程化预警、结果性稽查"等功能建设，强化信息系统对营销业务风险防控的全面支撑。

健全营销业务风险数字化内控工作机制。坚持总部评价、省级总控、地市（县）级具体防控，加快构建总部－省－市－县－所（站）五级营销业务风险防控工作体系，完善分级预警、闭环管控、质量评价等工作机制，确保营销业务风险防控能力全面提升。

电力营销数字化稽查由业务驱动向数据驱动与业务驱动相结合转变，由事后处理向事前预警和事中掌控转变，实现营销稽查思想和技术手段的革命，深挖数据价值，让数据多跑路，人员少跑腿，扎实推进提质增效。

四、电力营销业务数字化内控体系构建

当前，在电力营销数字化转型发展趋势下，亟须系统融合应用营销业

务，完善事前、事中、事后，异动、异常和差错核查与管控，强化对基层的内控支撑力度，形成与营销业务融合的工作质量管控体系，推动业务管控由单兵作战向集团作战转变，构建具备当地特色的电力营销业务数字化内控体系。

（一）建设思路

基于公司现有的管理体系，参考《电力行业内部控制操作指南》中的"内部环境、风险评估、控制活动、信息沟通、内部监督"五个要素，结合政策、技术应用等要素，从人员能力提升角度出发，融合创新构建适合当地的电力营销业务数字化内控体系框架。

（二）总体规划

明确营销业务数字化内控体系的建设目标和愿景定位，从风险防范、资源配置、目标管理等视角分析切入，制定内控体系具体策略；从体系重构、创新应用、实施保障三大方向，分别进行业务设计，并通过落地实施应用，形成具备当地特色的营销内控体系典型经验。

（三）目标定位

立足新形势下营销全业务发展态势，以"问题导向、目标导向、结果导向、责任导向"为指引，坚持全局视角，探索构建符合当地特色的营销业务数字化内控体系，力争成为营销全业务运行的"透视镜"、营销智能化内控的"工作台"、营销异常问题整改的"探测器"、营销发展提质增效的"驱动器"、赋能营销基层内控的"知识库"，实现管控过程由"查询验证"向"规划＋分析＋落实"转变，成为国网区域电力营销内控体系建设实践的先进标杆。

（四）体系重构

1. DNA双螺旋业务内控

以客户全生命周期管理为主线，引入DNA理念，通过业务链－内控链对位方式，梳理确定内控关键节点，分颜色标示管控等级；结合"五位一体"工作要求，梳理确定每个内控节点的管控规则，辅助全业务链条全面监测、异动感知；梳理形成不同类型、不同级别的业务标准型，推动营销全业务规范化运行。

2. RNA 单螺旋稽查管控

以俯瞰运行、不直接干预业务运转为原则，引入 RNA 理念，镜像营销业务链，创新提出异动跟踪、异常、差错捕捉管控的方法；并坚持数据驱动、敏捷响应理念，创新应用智能图谱、全业务链分析、智能调控、人机物法环等，推动智能运转与人工处理的有机衔接，促进营销管控由事后控制向全过程实时化转变。

通过对具体营销业务应用场景的分析，综合客户动态和静态特征、业务流、数据流、黑白名单等要素，构建内控核查模型，支撑数字化内控作业执行的自动化、智能化。

（五）实施路径

按照"统一规划、分步实施、协同配合"的工作思路，遵循"夯实基础、实战开展、全面提升、体系应用"的工作方法，通过"分阶段、有侧重、立标杆"的实施路径，以营销内控体系标准为指引，同步开展标准梳理和平台搭建，互相融合迭代，逐步优化完善，稳步推进体系建设成果落地应用。

国网电力公司立足营销业务发展全局，全业务、全环节、全流程集约管控，以"全面覆盖、重点管控、合理制衡、高效运转"为原则，引入 DNA 双螺旋业务内控、RNA 单螺旋稽查管控的管理理念，以业务数据为驱动，以直派工单为载体，依托三级服务调度体系，构建公司营销业务数字化内控体系，在"营销运行全景管控、业务异动智能感知、异常问题自查自愈、基层内控深度赋能、经营质效全面提升"等方面取得了初步成效。

通过建立营销业务数字化内控体系建设，深化大数据应用，依托网格化实现合理派工，提高现场检查人员响应速度，同时丰富数据来源，实现数据多跑路，人员少跑腿，营造了风清气正的用电秩序和环境。

第五章　电力综合能源服务

第一节　光伏与电能替代

一、光伏发电基础知识

光伏是太阳能光伏发电系统的简称,是一种利用太阳电池半导体材料的光伏效应,将太阳光辐射能直接转换为电能的一种新型发电系统。光伏技术具备很多优势,如没有任何机械运转部件,不需其他任何"燃料",在太阳光直射和斜射情况下都可以工作,此外从站址的选择来说,也十分方便灵活,城市中的楼顶、空地都可以被应用。

（一）光伏发电系统分类

光伏发电系统按照是否与电网连接可以分为两大类:离网（独立）光伏发电系统和并网光伏发电系统。

离网（独立）光伏发电系统主要应用在远离电网又需要电力供应的地方,如偏远农村、山区、海岛、广告牌、通信设备等场合,或者作为需要移动携带的设备电源、不需要并网的场合,其主要目的是解决无电问题。它一般由光伏阵列（或组件）、光伏控制器、储能单元、逆变器、交直流负载等组成。由于光伏发电属于间歇式能源,容易受到天气和周围环境的影响,在光伏阵列没有能量输出时,需要储能单元提供负载用电。

目前常见的并网光伏发电系统,根据其系统功能可以分为两类:一种为不含蓄电池的不可调度式光伏并网发电系统;另一种是包括蓄电池组作为储能环节的可调度式光伏并网发电系统。

可调度式并网光伏发电系统设置有储能装置，通常采用铅酸蓄电池组，兼有不间断电源和有源滤波的功能，而且有益于电网调峰。但是，其储能环节通常存在寿命短、造价高、体积大而笨重、集成度低的缺点，因此这种形式应用较少。本书所述的并网光伏发电系统如无特别说明的话，均为不可调度式光伏并网发电系统。

并网光伏发电系统中光伏阵列输出电能，通过并网逆变器直接接入公共电网。并网光伏发电系统可以省去储能蓄电设备（特殊场合除外），而将电网作为储能单元，一方面节省了蓄电池所占空间及系统投资与维护，使发电系统成本大大降低；另一方面，发电容量可以做得很大并可保障用电设备电源的可靠性。并网光伏发电系统是太阳能光伏发电的发展方向。

并网型逆变器是并网光伏发电系统的核心部件。

（二）光伏逆变器

通常，将直流电能变换成为交流电能的过程称为逆变，完成逆变功能的电路称为逆变电路，实现逆变过程的装置称为逆变器。逆变器使转换后的交流电电压、频率与电力系统交流电电压、频率相一致，以满足为各种交流用电装置、设备供电及并网发电的需要。

逆变器的基本电路由输入电路、输出电路、主逆变开关电路（简称主逆变电路）、控制电路、辅助电路和保护电路等构成。

并网型逆变器是并网光伏发电系统的核心部件。与离网型光伏逆变器相比，并网型逆变器不仅要将太阳能光伏发出的直流电转换为交流电，还要对交流电的电压、电流、频率、相位与同步等进行控制，也要解决对电网的电磁干扰、自我保护、单独运行和孤岛效应以及最大功率跟踪等技术问题。

所谓孤岛是孤岛现象、孤岛效应的简称，是指电网失压时，（分布式）电源仍保持对失压电网中的某一部分线路继续供电的状态。

在有分布式光伏并网接入的电网中，当电网因人为或故障停止供电后，光伏电源若未能检测出该状况而继续给线路上的负荷供电，这时就形成了一个自给供电的孤岛。电力公司无法掌控的供电孤岛，将会危及供电线路维护人员和用户的安全,或者给配电系统及一些负载设备造成损害。从用电安全与电能质量考虑,孤岛效应是不允许出现的。

在逆变器中,检测出光伏系统处于孤岛运行状态的功能称为孤岛检测;检测出孤岛运行状态,并使光伏发电系统停止运行或与电网自动分离的功能就叫防孤岛保护。孤岛检测是防孤岛的前提。孤岛检测一般有被动检测和主动检测两种方法。目前并网逆变器的反孤岛策略通常采用被动式检测方案与至少一种主动式检测方案相结合的方法。

二、光伏发电并网业务管理

分布式光伏对优化能源结构、推动节能减排、实现经济可持续发展具有重要意义。自分布式光伏在我国蓬勃发展以来,国家电网公司根据《中华人民共和国电力法》《中华人民共和国可再生能源法》等法律法规,适时出台了《国家电网公司关于印发分布式光伏发电并网方面相关意见和规定的通知》(国家电网办〔2012〕1560号)、《国家电网公司关于印发分布式电源并网相关意见和规范(修订版)的通知》(国家电网办〔2013〕1781号)、《国家电网公司关于印发分布式电源并网服务管理规则的通知》(国家电网营销〔2014〕174号)等一系列文件,全力支持分布式光伏并网服务工作。

(一)受理申请

光伏项目业主可通过项目所在地的电网企业营业窗口、"网上国网" App、95598客户服务电话和95598智能互动服务网站等多种渠道提出并网申请。电网企业营业受理人员受理并网申请后,应主动为客户提供并网咨询服务,履行"一次性告知"义务,接受并查验客户并网申请资料,审核合格后正式受理并网申请,协助用户填写并网申请表。对于申请资料欠缺或不完整的,电网企业将一次性书面告知客户需补充完善的相关资料。受理并网申请后,电网企业地市公司或者县公司营销部门应在2个工作日内将相关申请信息以联系单形式发送至发展部门、运检部门、经研所、调度部门、信通公司、快速响应服务班等部门(单位)、班组。

1. 非居民分布式光伏项目所需申请资料

（1）分布式电源并网申请单；

（2）法人代表（或负责人）有效身份证明，包括：身份证、军人证、护照、户口簿或公安机关户籍证明等，只需其中一项即可；

（3）法人或其他组织有效身份证明，包括：营业执照或组织机构代码证；宗教活动场所登记证；社会团体法人登记证书；军队、武警后勤财务部门核发的核准通知书或开户许可证，只需其中一项即可；

（4）土地合法性支持文件，包括：

①《房屋所有权证》《国有土地使用证》或《集体土地使用证》；

②《购房合同》；

③含有明确土地使用权判词且发生法律效力的法院法律文书（判决书、裁定书、调解书、执行书等）；

④租赁协议或土地权利人出具的场地使用证明。

上述四项资料中，第①～③项提供其中一项即可，如租赁第三方屋顶时，还需提供第④）项。

（5）如委托代理人办理，则需提供经办人有效身份证明文件及委托书原件；

（6）如需核准项目，则需提供政府主管部门同意项目开展前期工作的批复；

（7）多并网点380/220V接入或10kV及以上接入项目应提供发电项目前期工作及接入系统设计所需资料；

（8）如为接入专变用户，则需提供用电相关资料，如一次主接线图、平面布置图、负荷情况等；

（9）合同能源管理项目或公共屋顶光伏项目需提供"建筑物及设施使用或租用协议"；

（10）住宅小区居民使用公共区域建设分布电源需提供"物业、业主委员会或居民委员会的同意建设证明"。

2. 居民分布式光伏项目所需申请资料

（1）居民家庭分布式光伏发电项目并网申请表；

（2）若项目建设在公寓等住宅小区的共有屋顶或场所地，还应提供：

①关于同意××居民家庭申请安装分布式光伏发电的项目同意书；

②关于同意××居民家庭申请安装分布式光伏发电的项目开工的同意书；

③居民光伏项目的项目同意书。

（3）自然人的有效身份证明：身份证、军人证、护照、户口簿或公安机关户籍证明，只需其中一项即可；

（4）房屋产权证明或其他证明文书：

①《房屋所有权证》《国有土地使用证》《集体土地使用证》；

②《购房合同》；

③含有明确房屋产权判词且发生法律效力的法院法律文书（判决书、裁定书、调解书、执行书等）；

④若属农村用房等无房产证或土地证的，可由村委会或居委会出具房屋归属证明。上述四项房屋产权证明资料只需其中一项即可。

（5）如委托代理人办理，则需提供经办人有效身份证明文件及委托书原件。

（二）现场勘查

电网企业在正式受理客户并网申请后，将受理信息传递到服务调度班组，服务调度班组通过电话等方式与用户预约上门勘查的具体时间，预约工作在受理客户并网申请后1个工作日内完成。预约完成后，由服务调度班组填写相关预约信息，并根据客户申请项目的地址区域信息，选择相应的营销部门，完成服务调度预约的人工服务派工。

电网企业勘查人员在收到相关的服务调度预约信息后，按时组织公司运检部门、调度部门、经研所等部门（单位）或者班组人员开展现场勘查工作。现场勘查前，勘查人员应预先了解待勘查地点的现场供电条件，对申请并网的光伏客户应查阅客户的相关用电档案等信息资料。

现场勘查主要内容：核实分布式电源项目建设规模（本期、终期）、开工时间、投产时间、意向并网电压等级、消纳方式等信息，勘查用户用电情况、电气主接线、装机容量等现场供用电条件。结合现场供用电条件，初步提出并网电压等级、并网点设置、计量方案、计费方案、产权分界点、接入点等接入系统方案各项关键要素，对业主并网申请的各项要素的合理性进行分析。如业主并网申请的相关要求与实际不符，应在勘查意见中说明原因，并向客户做好解释工作，提出相关的修改建议。

现场勘查结束后，勘查人员将根据实际情况填写《现场勘查单》，并由客户签字确认。

受理申请后，电网企业应积极开展现场勘查工作，现场勘查工作应在受理并网申请后 2 个工作日完成。

（三）分布式光伏接入系统方案编制

电网企业地市公司经研所负责按照国家、行业、地方及企业相关技术标准，依据国家电网公司《分布式电源接入系统典型设计—光伏发电典型设计方案》（国家电网发展〔2013〕625 号）所列的 8 种光伏发电单点接入系统典型设计方案和 5 种光伏发电组合接入系统典型设计方案，结合现场勘查结果、项目业主相关光伏组件、逆变器设备选型，确定并网电压等级和导线截面选择，明确具体接入方案，确定继电保护、系统调度及自动化、系统通信、电能计量、断路器类型、避雷及接地保护装置等系统一次和二次方案及设备选型，明确设备清单及各项设备投资人，完成接入系统方案编制。

（四）光伏接入系统方案评审

380（220）V 接入电网的光伏项目，接入方案由电网企业地市公司或县公司营销部门组织发展部门、运检部门、调度部门、信通部门（班组）、经研所等部门、班组评审，出具评审意见。10（20）kV 接入电网的光伏项目，接入方案由电网企业地市公司或县公司发展部门组织营销部门、运检部门、调度部门、信通部门（班组）、经研所等部门、班组评审接入系统方案，出具评审意见和接入电网意见函。35kV 接入电网的光伏项目，接入方案由电网企业地市公司发展部门组织营销部门、运检部门、调度部门、信通部门

（班组）、经研所等部门，班组评审接入系统方案，出具评审意见和接入电网意见函。对于多点并网项目，按并网点最高电压等级确定组织审查部门，评审意见和接入电网意见函均应在经研所提交接入方案后5个工作日内出具。

（五）分布式光伏接入系统方案确认及答复

电网企业地市公司或县公司营销部门负责在3个工作日内将380（220）V接入电网的光伏项目接入方案确认单（附接入方案），35kV、10（20）kV及以上电压等级接入的光伏项目接入方案确认单（附接入方案）、接入电网意见函告知项目业主。

（六）并网工程设计与建设

项目业主投资建设的光伏本体电气工程（简称并网工程）设计，由项目业主委托有相应资质的设计单位按照答复的接入方案开展。

380（220）V多点并网项目，35kV、10（20）kV电压等级接入的光伏项目，应由电网企业组织设计文件审查。项目归属地营销部门接受并查验项目业主提交的设计资料，组织发展部门、运检部门、建设部门、经研所、调度部门、信通公司等部门（单位），依照国家、行业等相关标准以及批复的接入方案，审查初步设计文件，并在受理项目业主申请后10个工作日内出具审查意见。

（七）受理并网验收申请

光伏项目并网工程施工完成后，项目业主向电网企业地市公司或县公司营销部门提出并网验收与调试申请，受理人员接受并查验项目业主提交的相关资料，审查合格后方可正式受理。受理申请后，地市公司或县公司营销部门在2个工作日内将相关申请信息抄送发展部门、运检部门、调度部门、信通公司等相关部门（单位）。

（八）合同与协议签订

并网验收及并网调试申请受理后，电网企业地市公司或县公司营销部门负责与项目业主办理380（220）V接入项目的购售电合同签订工作，工作时限为5个工作日，签订的合同抄送本单位财务部门。电网企业地市公司或县公司营销部门负责与项目业主办理35kV、10（20）kV接入项目的购售电合同签订的工作，工作时限为 10 个工作日，签订的合同抄送本单位财务部门、调度部门。

纳入调度管辖范围的项目，电网企业地市公司或县公司调度部门应同步完成并网调度协议的签订工作，工作时限为 10 个工作日。未签订并网相关合同协议的，不得并网接电。

（九）计量与收费

光伏项目所有的并网点以及与公共电网的连接点均应安装具有电能信息采集功能的计量装置，以分别准确计量光伏项目的发电量和用电客户的上、下网电量。与公共电网的连接点安装的电能计量装置应能够分别计量上网电量和下网电量。与电网企业有贸易结算的关口电能计量装置由电网企业出资采购安装。

（十）并网验收与调试

项目业主投资建设的并网电气工程及接入工程，由电网企业地市公司或县公司营销部门组织并网验收与调试，发展部门、运检部门、调度部门、信通公司等相关部门（单位）参与验收与调试，并负责各自专业领域内的验收与调试。电网企业投资建设的光伏接入配套工程，由电网企业地市公司或县公司运检部门组织验收与调试。

（十一）电费结算

上、下网电量按国家规定的上网电价和销售电价分别计算购、售电费。

分布式光伏客户应与用电户设在同一抄表区，电网企业地市公司或县公司营销部门负责按合同约定的结算周期抄录分布式光伏发电项目上网电量和发电量，计算应付上网电费和补贴资金。居民分布式光伏发票由电网企业代开；非居民分布式光伏项目电费发行后，应及时将结算数据告知客户，并通知、指导客户按时规范开具发票。

财务部门按月支付居民分布式光伏项目和非居民分布式光伏项目的上网电费和补助资金。支付成功后，财务部门应每月将上网电费和补助资金的支付情况反馈营销部门。

三、电能替代

电能替代是在终端能源消费环节,"以电代煤、以电代油、电从远方来、来的是清洁电",用电能替代煤、石油等化石能源,以减少污染物排放,进而达到改善终端能源消费结构、促进环境保护的目的。这里的"以电代煤",主要是在终端消费环节以电代煤,减少直燃煤和污染排放,减轻煤炭使用对环境的破坏。在城市集中供暖、商业、工农业生产领域大力推广热泵、电采暖、电锅炉、蓄冷、蓄热等电能替代技术;"以电代油",主要是在铁路、城市轨道交通、汽车运输领域以电代油,提高交通电气化水平可减少石油消费,调整能源消费结构,促进交通行业能源高效利用,减少环境污染;而"电从远方来、来的是清洁电",则是建设特高压电网,把西部、北部的火电、风电、太阳能发电和西南水电远距离、大规模输送到东部,在终端实施电能替代,解决东中部能源消费瓶颈问题。

(一)电能替代重点领域

电能替代方式多样,涉及居民采暖、工业与农业生产、交通运输、电力供应与消费、家庭电气化等众多领域,以分布式应用为主。

1. 居民采暖领域

在北方刚性采暖需求地区和长江沿线有采暖需求地区,在学校、商场、办公楼等热负荷不连续的公共建筑,加大与燃气(热力)管网的竞争,大力推广碳晶、石墨烯发热器件、发热电缆、电热膜等分散电采暖替代集中供暖。

在供热(燃气)管网无法达到的老旧城区、城乡结合部或生态要求较高区域的居民住宅,推广蓄热式电锅炉、热泵、分散电采暖。

在农村地区有计划推进散煤清洁化替代,大力推广以电代煤。

在西南水电、三北风电富集和特高压落点地区,利用低谷富余电力,实施蓄能供暖、风电供暖和清洁替代。

2. 生产制造领域

在生产工艺需要热水(蒸汽)的各类行业,逐步推进蓄热式与直热式工业电锅炉应用。重点在服装纺织、木材加工、水产养殖与加工等行业，试点蓄热式工业电锅炉替代集中供热管网覆盖范围以外的燃煤锅炉。

在金属加工、铸造、陶瓷、岩棉、微晶玻璃等行业，以及产品具有高附加值的行业，积极推广电窑炉。

在采矿、食品加工等企业生产过程中的物料运输环节，以及港口船舶散货运输码头，推广电驱动皮带传输。

在经济作物特色种植区，推广电制茶、电烤烟、电烤槟榔等。

在农业大省，结合高标准农田建设和推广农业节水灌溉等工作，加快推进机井通电。

在农业生产、农副产品加工、蔬菜大棚养殖等领域，大力推广电供暖、热泵、光热供暖等技术。

3. 交通运输领域

落实电动汽车充换电设施发展规划，加快建设公共充电网络，推动电动汽车普及应用。

在沿海、沿江、沿河等重点港口码头，大力推广靠港船舶使用岸电和电驱动货物装卸，推动岸电入海应用。

支持空港陆电等新兴项目，在机场廊桥和停机坪机位，推广应用机场桥载设备替代APU和陆电入机供电，推动机场运行车辆和装备"油改电"工程。

4. 电力供应与消费领域

在可再生能源装机比重较大、高效发电机组利用小时数较低、清洁能源富裕的地区，加快推进燃煤自备电厂跨区跨省清洁替代，推广应用储能装置，提高系统调峰调频能力，促进清洁能源消纳。

在城市大型商场、办公楼、酒店、机场航站楼等建筑推广应用热泵、电蓄冷空调、蓄热电锅炉等，促进电力负荷移峰填谷，提高社会用能效率。

5. 家庭电气化等其他领域

大力提升全社会电气化水平，积极推动电空调、电冰箱、电磁炉、电热水器等家用电器的普及使用，提升城乡居民生活用电智能化水平。

(二) 电能替代典型应用

1. 电热泵－工业领域应用

在食品工业的生产过程中需要热能来杀菌、浓缩和干燥，食品和饮料器具的清洗需要热水；在生化工业中，化学品生产、药物提取过程中的溶剂需要热能蒸馏回收和再生。制取这些热能的传统方法是燃烧各类燃料或电加热。利用燃料的燃烧制热，不但要消耗大量能源，而且还会造成环境污染；采用电能加热看似是一种洁净的方法，但电能基本还是靠燃烧燃料制取的，其获得同样热能所消耗的能源和导致的环境污染通常更多。相比较，热泵是制取这类热能的更好方法。

电热泵仅需要消耗少量高品位电能，就能从低温热源（如环境空气、海水、土壤等）中抽取大量低温热能，将其温度升高后"泵送"给用户。其制取热能的能源消耗可比传统方法节省一倍甚至数倍。

热泵机组具有冷暖兼备、一机三用（取暖、制冷、热水）、启停控制方便、运行稳定、高效经济、节能环保等特点。

另外利用热泵机组低温余热回收再利用功能，热泵在干燥领域可广泛使用。如对塑料、颜料、肥料、催化剂、纸张等化工制品干燥；中药原材料、药物制剂等药品干燥；血浆、生物组织、酶、酵母、抗生素等生物制品干燥；木材等林产品和煤炭等能源产品的干燥。以上这些干燥均可采用热泵干燥装置。热泵吸收干燥器废气中的低温热能，将热能温度提升后，再用来加热进入干燥器的干燥介质，并同时将干燥器废气中的水分降温凝结为液态水排出。与常规干燥装置比，热泵干燥装置具有节能高效、干燥质量好的特点。

与其他常规干燥方式比较，热泵干燥的基本技术特点是可以高效制取不同温度的干燥介质，其下限可以到 0℃，上限则无明确的限制，但通常在 150℃以下。热泵干燥装置在低温干燥领域有很强的综合竞争力，尤其对干燥过程耐受温度在 0～60℃的一大类物料。

因此热泵在以热水供应、热能供应、干燥为主的领域可广泛推广应用，如化工厂、制药厂、制盐厂、造纸厂、纺织厂、橡胶厂、冶金、玻璃行业等工业领域以及在农林水产领域的应用包括制取热水、热蒸汽、余热利用、干燥等。

2. 家用和商用电炊具应用

(1) 家用电器

包括电磁炉、电水壶（开水器）、电压力锅、热水器等。

①电磁炉又被称为电磁灶，即利用交变电流通过线圈产生方向不断改变的交变磁场，处于交变磁场中的导体的内部将会出现涡旋电流，涡旋电流的焦耳热效应使导体升温，从而实现加热。

②电水壶（开水器）：采用的是蒸气智能感应控制，过热保护，水煮沸自动断电、防干烧断电，快速煮沸水的一种器具。

③电压力锅：电压力锅是传统高压锅和电饭锅的升级换代产品，它结合了压力锅和电饭锅的优点，采用弹性压力控制、动态密封、外旋盖、位移可调控电开关等新技术、新结构，全密封烹调、压力连续可调，解决了压力锅的安全问题，解除了普通压力锅困扰消费者多年的安全隐患；其热效率大于80%，省时省电。

④电热水器：电热水器就是将电能转换为热能，在一定时间内使冷水温度升高变成热水的一种装置。

(2) 典型应用

①烧开水。以起始水温20℃，烧开一壶水（5磅，2.2kg）为例，液化气、天然气、电力对比表见表5-1。

表5-1　　　　　　　液化气、天然气、电力对比表

名称	液化气	天然气	电力
所用能源	燃气	天然气	电
能源热值	11000Cal/kg	8600Cal/m³	860Cal/kWh
能源单价（元）	7元/kg	3元/m³	0.538元/kWh
能源利用率（%）	40	40	95

续表

名称	液化气	天然气	电力
产生能耗费用（元）	0.28	0.153	0.116［注：高峰时段（0.568元/kWh）：0.122元/壶；低谷时段（0.288元/kWh）：0.062元/壶］

以一家一天用5瓶热水计算（高峰3瓶、低谷2瓶），与瓶装液化气比较，用电水壶可以节约（(0.28－0.122)×3＋(0.28－0.062)×2)×365＝332元/年。建议：如果采用燃气灶具烧水时，水壶底面积越大越好，火头燃烧面积要约小于水壶底部，不要开大火。

②洗澡、取暖等热水供应。以提供50kg，60℃热水为例，采用燃气热水器（液化气、天然气）、电热水器、空气源热泵的对比表见表5－2。

表5－2 燃气热水器（液化气、天然气）、电热水器、空气源热泵对比表

名称	燃气热水器		电热水器	空气源热泵
	液化气	天然气		
所用能源	燃气	天然气	电	电
能源利用率（%）	75		90	300
能源消耗费用（元/次）	1.7	0.93	0.74	0.22

以一家2天用50kg热水计算，与瓶装液化气比较，用电热水器可以节约（1.7－0.74)×180＝173元/年，用空气源热泵热水器可以节约（1.7－0.22)×180＝266元/年。由于电热水器和空气源热泵热水器都是利用低谷电加热进行热水储存，所供应的热水容量取决于保温水箱的大小，在人口比较多的家庭要选用较大容积。

③商用电磁灶。以6kW热量炒菜合计1h为例，总计需要热值5160Cal计算，燃气灶、柴油灶、电磁灶的对比表见表5－3。

表 5—3 各类灶具对比表

名称	燃气灶 液化气	燃气灶 天然气	柴油灶	电磁灶
所用能源	燃气	天然气	柴油	电
能源单价	7 元/kg	4.5 元/m³	7 元/kg	0.881 元/kWh
能源利用率（%）	30		15	90
折算成费用（元/h）	10.95	9	23.84	5.87
节约成本（元/年）				7417

以一台灶一天有效利用 4h 计算，与瓶装液化气比较，用电磁灶可以节约（10.95－5.87）×4×365＝7417 元/年，一年就能收回投资成本。建议：由于考虑最大火力，猛火炒菜的需要，电磁灶配置的功率比较大，一般在 5kW 以上，单位一般在 12kW 以上。安装时一定要考虑好容量配置。

3. 热泵－生活用热水应用

在商业、公共服务、食品加工等领域，常常需用热水供暖、洗浴、食品和饮料器具的清洗、室内游泳池、解冻冻结的肉类和水产类等。这些所需热水的温度大多在 60℃ 左右，制取这些热水的传统方法是燃烧各类燃料产生蒸汽或高温热水，再用蒸汽或高温热水与冷水混合制成所需要的热水。与工业领域相同，热泵是制取这类热能更好的方法。

与其他生活热水制取方式比较，热泵的基本特点是只需消耗少量高品位能源，即可制取大量的中高温热能。经过比较，当低温热源适宜，且热水温度与低温热源温差不太大时，热泵热水装置具有对气候及安装场地的适应性强、安全性好、能源效率高、维护简单等特点，其高出的初期投资通常可在 6~24 月内通过能源费用的节省而收回。

因此热泵在以热水供应、供暖供冷为主的领域可广泛推广，如超市、商场、酒店、旅馆、影剧院、体育馆、学校、图书院、疗养院、度假村、游泳池、浴室等公共服务领域以及在商业领域的应用包括制取热水、供暖供冷、织物干燥等。

第二节 电动汽车充电设施

燃油汽车在提供便利的同时，消耗了大量宝贵的不可再生资源，也造成严重的环境问题。在资源与环境的双重压力下，发展清洁能源汽车是必经之路，其中汽车电动化（纯电汽车、插电式混合动力）是重要的一个发展方向。而电池具有强大的续航性能，能够方便高效且稳定地充电是电动汽车产业健康发展的重要前提和保障基础。因而，规划制定充电设施发展战略，是电动汽车实现广泛推广和应用的条件。

一、电动汽车充电设施发展现状

车载电池作为电动汽车的关键部分，充电效率、续航里程和使用寿命三大指标直接影响到电动汽车的发展。目前，车载电池主要有铅酸蓄电池、镍氢电池和锂离子电池（磷酸铁锂电池和三元锂电池）三类。除少数短途公交车与景点观光车外，绝大部分电动汽车采用锂离子电池作为动力，故配套充电设施也基本服务于此。充电设施主要以充电站、换电站两种形式为主，零散安装的充电桩作为补充。其中，充电站提供包含不同功率的交直流充电桩，服务于不同类型的汽车；换电站提供更换电池包服务，但需要专人操作发展相对缓慢；充电桩数量最多，安装密度最大，最贴近用户需求。纵观近年来充电设施的发展，大体呈现以下特点：

（一）电动汽车及其充电基础设施多层次、宽领域发展的格局基本形成

在电动汽车推广的大环境下，京、沪、广、深等一线城市以及杭州、合肥、济南等二线城市已经初步形成了规模较大、相对成熟的城市充电网络；沪宁杭与珠三角地区大力发展城际充电网络；京沪、京港澳等高速服务区建成了高速路网省际充电系统。随着城市、城际、省际多层级的充电网络逐渐形成，充电基础设施网络正走向成熟。

（二）充电设施技术水平不断提高

目前，交直流充电桩、V2G、电池快速更换设备等已经实现国产化，且

产品性能不断提高,已投入运营的交直流充电桩普遍在 60~120kW 之间,具有电池快充能力,极大地缩短了充电时间。充电设施的实时监控、计算、统计与检测报警等技术日趋成熟;此外,充电基础设施与互联网+、智能电网、云(e)快充等跨领域新技术的交叉结合也在试点运行。

(三)行业标准逐步完善

目前,国家已制定充电系统及设备、电池包、充电设施、充放电接口等部分技术标准,基本建立了电动汽车充电行业标准体系,增大了我国在电动汽车行业发展的主动性与影响力。

(四)国家配套支持、补贴政策陆续出台

近年来,各级政府和有关部门,贯彻落实相关决策部署,为电动汽车的推广和充电基础设施行业的发展制定和出台了一系列多方位的配套支持政策,包括购车补贴、充电服务指导价格和充电基础设施建设财政补贴等,为促进电动汽车产业的蓬勃发展提供了不竭动力。

二、电动汽车充电网络建设

电动汽车具有显著的节能减排和环保优势,对于减少石油对外依赖,保障国家能源安全,促进节能减排,防治大气污染,实现经济社会可持续发展具有重要意义。电动汽车要发展,完善的充电基础设施体系是基础。

(一)新能源汽车产业发展已经成为汽车产业转型升级的主流趋势

节能与新能源汽车已经成为国际汽车产业的发展方向,未来将迎来全球汽车产业转型升级的重要战略机遇期。我国汽车产销规模已居世界首位,今后较长一段时间汽车需求量仍将保持增长势头,由此带来的能源紧张和环境污染问题将更加突出。按照国务院关于发展战略新兴产业和加强节能减排工作的决策部署,必须加快培育和发展节能与新能源汽车产业,促进汽车产业优化升级,增强汽车工业的整体竞争能力。积极发展新能源汽车产业,既是保障国家能源安全,有效缓解能源和环境压力,推动汽车产业可持续发展的紧迫任务,也是加快汽车产业转型升级、培育新的经济增长点和国际竞争优势的战略举措。

(二) 电动汽车充电基础设施是新能源汽车产业发展的重要保障

按照国务院决策部署，坚持以纯电驱动为新能源汽车发展的主要战略方向。充电基础设施是新型的城市基础设施，完善的充电基础设施体系是电动汽车发展的基础，是当前加快电动汽车推广应用的紧迫任务，也是推进能源消费革命的一项重要战略举措。大力推进电动汽车充电基础设施建设有利于解决电动汽车充电难题，促进电动汽车产业的快速发展，是新能源汽车产业发展的重要保障，对于打造大众创业、万众创新和增加公共产品、公共服务"双引擎"，实现稳增长、调结构、惠民生具有重要意义。

(三) 电动汽车充电基础设施发展建设已经上升为国家发展战略

为全面贯彻国家新能源汽车发展战略部署，《国务院办公厅关于加快电动汽车充电基础设施建设的指导意见》明确提出将充电基础设施建设放在更加重要的位置，从发展全局的高度进行整体统筹，系统科学地构建高效开放、与电动汽车发展相适应的充电基础设施体系，建立政府有关部门与相关企业各司其职、各尽所能、群策群力、合作共赢的系统推进机制，按照"桩站先行"的原则，适度超前建设，推进充电基础设施科学发展。

(四) 电动汽车充电基础设施将呈现标准化、智能化的发展趋势

电动汽车充电基础设施的健康发展，需要充电系统具有更强的适应性和匹配性，坚持按照国家标准建设充电基础设施，并不断完善相关标准体系是未来充电基础设施建设的必然选择。同时，大力推进"互联网＋充电基础设施"，构建充电基础设施信息服务平台，促进不同充电服务平台互联互通，提升充电服务智能化水平，并将充电基础设施积极融入能源互联网建设，促进电动汽车与能源互联网间能量和信息的双向互动是未来充电基础设施建设的必然趋势。

三、电动汽车充电设施运维管理

充电设施运维管理是指对电动汽车充换电设施进行日常运维服务，保证充换电设施各项业务运转有序、运行稳定、服务规范，不断提升充换电设施管理水平，包括充换电设施业务描述、运行管理、设备管理、资料管理、检

修管理、充换电设施基建、验收及投运阶段的管理七个方面的工作内容。

运维服务管理的主要业务包括：电动汽车动力电池更换及充电；充换电设施运行状况的实时监控，运行数据采集、统计及报送；充换电设施巡视检查，设备缺陷及故障信息的记录及现场处置；充换电设施维护、检修、改造，工作现场协调配合及投运验收；客户报修与服务咨询业务受理；客户服务需求意见及建议定期征询；充换电设施卫生、清洁、消防及安全保卫等工作。

（一）运行管理

智能充换电服务网络设施应以计量控制单元方式接入车联网运营平台，充换电设施的运行状态，由车联网运营平台进行实时在线监测，设备故障信息可自动生成检修工单，推送给运维和检修人员。运行管理应有完备的运行值班制度、交接班制度、信息报送制度、巡视检查制度、充换电设施记录等内容，并明确工作内容、质量标准、工作流程等技术细节。

（二）设备检修

检修单位应结合设备技术说明书、技术标准、试验报告等资料，编制设备《现场检修规程》和《检修作业指导书》，检修人员应熟悉设备工作原理、性能、使用说明、检修检测方法、现场检修规程、检修作业指导书等，应经过专业培训和考试后方可上岗。设备检修应严格执行《电力安全工作规程》要求，执行工作票制度和工作许可制度，做好安全措施（停电、验电、挂地线，设置围栏、标示牌等），并检查无误后方可进行检修工作。

检修单位应备有充足的备品备件，并及时进行补充，建立备品备件管理台账。

（三）设备管理制度

应建立设备定期维护与评价制度，应包括：第一，充换电设施投产前或设备检修后应进行验收并建立健全设备台账，备齐各种技术资料；第二，充换电设施设备除按有关专业规程的规定进行试验和检修外，还应进行必要的维护工作；第三，换电站充换电设施设备室的通风设备、照明设备应运行良好；第四，按季节性特点及时做好设备防尘、防潮、防污、防汛等各项工作；第五，要加强评价工作组织领导，制定相关制度要求，深入开展设备评价（评级）工作；第六，应建立检查和考核制度，加强各项责任制的落实，定期对设备评价工作执行情况进行检查和考核，提出整改措施，不断提高设备评价（评级）工作水平。

四、电动汽车充电设施业务管理

电动汽车充电设施用电报装业务分为以下两类：第一类：居民客户在自有产权或拥有使用权的停车位（库）建设的充电设施。第二类：其他非居民客户（包括高压客户）在政府机关、公用机构、大型商业区、居民社区等公共区域建设的充换电设施。

其中，客户充换电设施受电及接入系统工程由客户投资建设，其设计、施工及设备材料供应单位由客户自主选择；电网经营企业在充换电设施用电申请受理、设计审查、装表接电等全过程服务中，不收取任何服务费用，并投资建设因充换电设施接入引起的公共电网改造。对应用覆盖率达到一定规模的居住区，新建低压配电网，保证电动汽车充换电设施用电需求。分散式充电桩要加装逆功率保护，不允许倒送电；充换电站如需通过利用储能电池向电网送电，必须按照电网经营企业分布式电源要求办理相关手续，并采取专用开关、反孤岛装置等措施。

（一）受理申请

受理客户报装申请时，电网经营企业主动为客户提供用电咨询服务，接收并查验客户的申请资料。对于居民低压客户，由电网经营企业各单位编制供电方案模板，在受理申请时直接答复供电方案；对于其他客户，应与客户预约现场勘查时间；对于非电网经营企业营业厅受理的，由属地电网经营企业在现场勘查时答复方案。

客户提供资料如下：居民低压客户需提供居民身份证或户口本、固定车位产权证明或产权单位许可证明、物业出具同意使用充换电设施的证明材料；非居民客户需提供身份证、固定车位产权证明或产权单位许可证明、停车位（库）平面图、物业出具允许施工的证明等资料，高压客户还需提供政府职能部门批复文件等证明材料。

(二) 现场勘查

现场勘查时,电网经营企业应重点核实客户负荷性质、用电容量、用电类别等信息,结合现场供电条件,确定电源、计量、计费方案,并填写《现场勘查工作单》。

现场勘查工作时限:受理申请后1个工作日内完成。

(三) 供电方案答复

根据国家、行业相关技术标准,电网经营企业组织确定供电方案,并答复客户。同时告知客户委托设计的有关要求及注意事项。

答复供电方案工作时限:自受理之日起低压客户1个工作日,高压客户15个工作日内完成。

(四) 设计审查

在受理客户设计审查申请时,电网经营企业接收并查验客户设计资料,审查合格后正式受理,并组织电网经营企业的运维检修部(检修公司),按照国家、行业标准及供电方案要求进行设计审查。

答复客户设计审查结果的同时,告知客户委托施工有关要求及注意事项。设计审查工作时限:受理设计审查申请后10个工作日内完成。

(五) 竣工验收

电网经营企业在受理客户充换电设施竣工检验申请后,组织进行工程验收,并出具验收报告。验收过程应重点检查是否存在超出电动汽车充电以外的转供电行为,充换电设施的电气参数、性能要求、接口标准、谐波治理等是否符合国家或行业标准。若验收不合格,提出整改意见,待整改完成后复检。其中,对于居民客户,若验收合格并办结有关手续,在竣工检验时同步完成装表接电工作。

竣工检验工作时限:在受理竣工检验申请后,低压客户1个工作日,高压客户5个工作日内完成。

(六) 合同签订及装表送电

根据要求,电网经营企业与客户《供用电合同》的签订工作,其中居民低压客户采取背书方式；其他客户签订《供用电合同》。

在验收合格，且客户签订合同并办结相关手续后，完成装表接电工作。

装表接电工作时限：非居民低压客户1个工作日，高压客户5个工作日内完成。

五、电动汽车充电设施价格政策

根据《国家发展改革委关于电动汽车用电价格政策有关问题的通知》要求：

（一）对电动汽车充换电设施用电实行扶持性电价政策

（1）对向电网经营企业直接报装接电的经营性集中式充换电设施用电，执行大工业用电价格。。

（2）其他充电设施按其所在场所执行分类目录电价。其中，居民家庭住宅、居民住宅小区、执行居民电价的非居民用户中设置的充电设施用电，执行居民用电价格中的合表用户电价；党政机关、企事业单位和社会公共停车场中设置的充电设施用电执行一般工商业及其他类用电价格。

（3）电动汽车充换电设施用电执行峰谷分时电价政策。鼓励电动汽车在电力系统用电低谷时段充电，提高电力系统利用效率，降低充电成本。

根据国家发展改革委印发的《关于创新和完善促进绿色发展价格机制的意见》（发改价格规〔2018〕943号）规定：2025年底前，对实行两部制电价的污水处理企业用电、电动汽车集中式充换电设施用电、港口岸电运营商用电、海水淡化用电，免收需量（容量）电费。

（二）对电动汽车充换电服务费实行政府指导价管理

（1）充换电设施经营企业可向电动汽车用户收取电费及充换电服务费两项费用。其中，电费执行国家规定的电价政策，充换电服务费用于弥补充换电设施运营成本。

（2）制定充换电服务费标准应遵循"有倾斜、有优惠"的原则，在国家及地方政府通过财政补贴、无偿划拨充换电设施建设场所等方式降低充换电设施建设运营成本的基础上，确保电动汽车使用成本显著低于燃油（或低于燃气）汽车使用成本，增强电动汽车在终端市场的竞争力。

（3）当电动车发展达到一定规模并在交通运输市场具有一定竞争力后，结合充换电设施服务市场发展情况，逐步放开充换电服务费，通过市场竞争形成。

第三节 储能节能服务

近十几年来，随着能源转型的持续推进，作为推动可再生能源从替代能源走向主体能源的关键，储能技术及其应用受到了各界的高度关注。近几年全球储能增速放缓，呈理性回落态势，为储能未来发展留下了调整空间。很多企业和专家认为，未来能源的焦点在能效、可再生能源、储能和可插入电动汽车。可再生能源发电和电动汽车的快速发展，也给储能产业带来了新的发展机遇。与此同时，能源互联网被定义为广义的优化能源链的解决方案，是未来可支撑能源的基础，是新能源经济的实施者。而随着"碳达峰、碳中和"成为全球共识，新能源在整个能源体系中的比重将快速增加，储能将迎来爆发式增长。国家以及各省级能源主管部门密集出台一系列储能利好政策，国内外大规模储能项目陆续启动，储能技术呈现出抽水蓄能、锂离子电池、压缩空气储能、钠离子电池、液流电池、飞轮储能等"百家争鸣"局面，与此同时，越来越多的企业投身储能，或扩产或跨界合作，储能产业也呈现出蓬勃发展的良好局面。

一、储能技术定义及分类

所谓储能技术是指将能量转化为在自然条件下比较稳定的存在形态，再通过介质或者设备把能量存储起来以备在需要时利用的技术。

储能技术作为未来推动新能源产业发展的前瞻性技术，目前已发展出十数种技术类型。储能技术按照储存介质进行分类，可以分为机械类储能、电气类储能、电化学类储能、相变储能和化学类储能五大类型。

（一）机械类储能

机械储能是电能与机械能之间的相互转换。机械储能寿命一般较长，容量较大。目前机械储能技术主要包括：抽水储能、飞轮储能、压缩空气储能等。不同机械储能有着较明显的技术特性上的差别。

（二）电气类储能

电气类储能又称为电磁储能，是利用电容器或超导体线圈等电力器件将电能进行电荷或者磁场能量储存的技术。由于电气类储能不需要进行能量形式转换，较其他储能技术具有响应快、效率高的天然优势。电气类储能主要包含超级电容器储能和超导磁储能。

（三）电化学类储能

电化学类储能是通过各类化学电池将电能储存的方式，主要包括各种二次电池，有铅酸电池、锂离子电池、钠硫电池和液流电池等，这些电池多数技术上比较成熟，近年来成为关注的重点，并且还获得许多实际应用。

（四）相变储能

相变储能是利用相变材料在物态变化时，吸收或放出大量潜热而实现。它可以利用电热蓄能（冷和热）来实现对电力系统的削峰填谷，也可用于新能源、工业余热利用、新型家用电热电器的开发等。在风能、太阳能等间歇性新能源的应用方面，储能技术也可发挥重要的作用。相变储能技术同时对提高我国能源的利用效率可起到作用。

相变材料主要包括无机PCM、有机PCM。其中，无机类PCM主要有结晶水合盐类、熔融盐类、金属或合金类等；有机类PCM主要包括石蜡、醋酸和其他有机物。

相变蓄能包括蓄冷和蓄热技术。蓄冷、蓄热技术是电力需求侧最优秀的蓄能技术之一。蓄冷技术中最常用的是冰蓄冷技术，蓄热技术主要光热发电技术等。

（五）化学类储能（氢储能）

化学类储能是利用氢或合成天然气作为二次能源的载体，利用多余的电制氢，可以直接用氢作为能量的载体，也可以将其与二氧化碳反应成为合成天然气（甲烷），因为氢或者甲烷作为能量载体可储存的能量很大，可达TWh级，而且储存的时间也很长，氢或者合成天然气除了可用于发电外，还有其他利用方式如交通等。化学类储能的缺点是它的全周期效率较低，制氢效率仅40%，合成天然气的效率不到35%。

二、近年储能产业政策

（一）"新能源+储能"政策

2021年，国家发展改革委、国家能源局联合发布了《关于鼓励可再生能源发电企业自建或购买调峰能力增加并网规模的通知》（发改运行〔2021〕1138号），首次从国家层面明确了保障性并网以外的可再生能源配置储能的比例，通过市场化的方式推动调峰资源的合理配置，为新型储能与抽水蓄能、火电灵活性机组、气电、光热电站等灵活性调节资源建立合理的布局空间。

（二）"风光水火储一体化""源网荷储一体化"政策

国家发展改革委、国家能源局发布："关于公开征求对《国家发展改革委国家能源局关于开展"风光水火储一体化""源网荷储一体化"的指导意见（征求意见稿）》意见的公告"。

意见稿指出，开展"区域（省）级源网荷储一体化"建设，依托区域（省）级电力辅助市场、电力中长期和现货市场等体系建设，以完善区域（省）级主网架为基础，公平、无歧视引入电源侧、负荷侧、独立储能等市场主体，全面开放市场化交易，通过价格信号引导各类电源、电力用户、储能和虚拟电厂灵活调节、多向互动，推动建立可调负荷参与承担辅助服务的市场交易机制，培育用户负荷管理能力，提高用户调峰积极性。

（三）"源网荷储一体化+多能互补"政策

国家发展改革委、国家能源局联合发布了《关于推进电力源网荷储一体化和多能互补发展的指导意见》。

《指导意见》指出，源网荷储一体化和多能互补作为电力工业高质量发展的重要举措，旨在"积极构建清洁低碳安全高效的新型电力系统，促进能源行业转型升级"。源网荷储一体化和多能互补是实现电力系统高质量发展、促进能源行业转型和社会经济发展的重要举措。

(四)"推动新型储能发展"政策

国家发展改革委、国家能源局联合发布了《关于加快推动新型储能发展的指导意见》(发改能源规〔2021〕1051号)。

指导意见指出,落实"四个革命、一个合作"能源安全新战略,以实现"碳达峰、碳中和"为目标,将发展新型储能作为提升能源电力系统调节能力、综合效率和安全保障能力,支撑新型电力系统建设的重要举措,以政策环境为有力保障,以市场机制为根本依托,以技术革新为内生动力,加快构建多轮驱动良好局面,推动储能高质量发展。

(五)储能项目管理政策

国家能源局印发了《新型储能项目管理规范(暂行)》的通知(国能发科技规〔2021〕47号)。《新型储能项目管理规范(暂行)》中明确,新型储能项目管理坚持安全第一、规范管理、积极稳妥原则,包括规划布局、备案要求、项目建设、并网接入、调度运行、监测监督等环节管理。也就是说明确了储能从项目准入、备案、建设、并网、运行、退役等全流程的管理规范,明确项目管理职责,破解储能管理困局。

(六)储能价格政策

针对抽水蓄能价格,国家发展改革委发布了《关于进一步完善抽水蓄能价格形成机制的意见》(发改价格〔2021〕633号),为制定新型储能电价机制给予了有益指导。

国家发展改革委发布了《关于"十四五"时期深化价格机制改革行动方案的通知》(发改价格〔2021〕689号)。本次中央文件中首次明确了建立新型储能价格机制。通知里提到:持续深化燃煤发电、燃气发电、水电、核电等上网电价市场化改革,完善风电、光伏发电、抽水蓄能价格形成机制,建立新型储能价格机制。

国家发展改革委发布了《关于进一步完善分时电价机制的通知》(发改价格〔2021〕1093号),对储能在用户侧发展营造了良好的电价政策环境。文件中明确要求拉大峰谷差价,为新能源配套储能提供了更大利润空间和机会。

三、储能的应用发展

（一）发展储能是能源生产消费革命的必然要求

国家发改委、国家能源局在《能源生产和消费革命战略（2016~2030年）》中提到，中国将在 2020 年全面启动能源革命体系布局，推动化石能源清洁化，从根本上扭转能源消费粗放增长方式。大力发展风能、太阳能，不断提高发电效率，降低发电成本。

（二）新基建战略拓展了储能行业发展前景

2020 年初，国家推出了"新基建"战略，将 5G、大数据中心、充电桩、人工智能和工业互联网等列为新型基础设施建设的重点。

国家层面提出发展新基建，是具有战略意义的。储能在城际快速轨道人工智能、大数据中心、5G 等领域效果已然显现，并也已见证其有效性。

（三）电力市场深化改革推动储能产业发展

随着新能源发电成本的降低，参与电力市场的竞争力也在不断增强，未来保量保价的交易模式也将被打破。储能具有多重功能，可满足电力系统不同时间尺度的调节需求，未来成本回收的途径以及参与市场的类型是多样的，主要包括：参与电网系统级调峰，实现共享，相关费用在全网收益电量中分摊；参与电力系统快速调频；参与现货市场；作为备用或需求侧响应资源，提升电网安全稳定运行水平。

四、节能服务

节能服务是指由专业的第三方机构（能源管理机构）帮助自身机构解决节能运营改造的技术和执行问题的服务。其服务对象一般是企业机构。接受节能服务的目的在于减少能源消耗、提高能源使用效率、降低污染排放等问题。节能服务产业不仅在我国节能技术应用和节能项目投资等方面发挥着至关重要的推动作用，而且对推动节能改造、减少能源消耗、增加社会就业、促进经济发展发挥了积极的作用，成为我国转变发展方式、经济提质增效、建设生态文明的重要抓手之一。节能服务涉及的领域主要包括居民、商业、工业、市政以及农业等。尽管不同国家的 ESCO（能源服务公司）主攻的节能领域有所侧重，但是在很多国家，工业领域的节能服务是 ESCO 的主要服务。

（一）绿色照明

1. 基本概念

绿色照明是指以提高照明效率、节约电力、保护环境为主要目的的照明设计、设备选型及控制方法。

2. 绿色照明的工作内容及指标

（1）主要内容

①开发并应用高光效光源。

②选择高效率节能照明器具替代传统低效的照明器具，使用先进（如智能化）的控制系统，提高照明用电效率和照明质量。

③采用合理的照明设计。

④充分利用天然光。

⑤加强照明节能管理。

（2）主要指标

①高效：以消耗较少的电能获得足够的照明。

②环保：减少光污染和大气污染排放。

③安全：不产生紫外线、眩光等有害光照。

④舒适：光照清晰、适度、柔和。

（二）集中空调系统

1. 集中空调系统运行管理的重要性

目前集中空调系统大多管理不善，因而能耗大、室内空气污染严重，影响身体健康。

随着生活水平的提高，人们对室内装饰的要求越来越高，所选用装饰材料的种类日益增多，材料在室内所散发的有害物质和菌类与日俱增，这对空调通风系统提出了更高的要求。长期以来，由于室内空气中新风量不足，同时由于室内空气中存在大量有害气体和细菌，如混凝土、大理石中的氡，涂料和胶黏剂中的苯、甲醛和挥发性有机物，住宅中散发的一氧化碳、氨以及家用电器的电磁波等几十种低浓度污染都危害着人体健康。长期生活在这种封闭式的空调环境中，使人们感到疲劳、头昏、胸闷精神不佳、烦躁、注意力不集中。这种长期低浓度污染，使许多人患了"病态建筑综合症"。所以要改善空气品质、尽量减少污染物的产生，必须从工程设计和运行管理着手，要统筹考虑热舒适、室内空气品质和节能的综合要求。

2. 集中空调系统运行管理的基本要求及内容

集中空调系统运行管理包括制度管理、节能运行管理、卫生运行管理、安全运行管理以及突发事件的应急措施。通过运行管理的加强，保证空调系统的正常运行，达到运行能耗的较大降低，确保室内空气品质达到卫生标准，延长系统的使用寿命，快速有效的应对突发事件。

(三) 热泵技术

1. 热泵的定义

热泵是将低位热能转化为高位热能的设备。当今，以再生能源替代暖通空调中传统的碳能源是暖通空调发展的必然趋势。热泵技术将是利用低温再生能源的有效技术之一。热泵的快速发展是为了节能，也是为了改善环境，以热泵的应用与发展，推动暖通空调的可持续发展，实现暖通空调的生态化。

2. 热泵分类

(1) 按低温热源种类分可分为空气源热泵、水源热泵、地埋管地源热泵。

①空气源热泵，利用空气作为低温热源，从周围空气中吸取热量。据其低温侧和高温侧所使用的载热介质，型式有空气－空气热泵和空气－水热泵。

②水源热泵，利用水作为低温热源，从水中吸取热量。据水源不同，分为地下水、地表水（江、湖、河、海）、生活与工业废水热泵等。按吸热与供热的载热介质，型式有水－空气热泵和水－水热泵。

③地埋管地源热泵（亦称土壤源热泵、地耦合热泵），利用土壤中的低

温热源，通过埋地管道从土壤中吸取热量或释放热量。按吸热与供热的载热介质，型式有水－空气热泵和水－水热泵。

（2）按热泵的驱动方式分可分为电驱动热泵、热能驱动热泵、燃料发动机驱动热泵。

①电驱动热泵，利用电能驱动压缩机工作的蒸汽压缩式热泵或气体压缩式热泵最为常用，后者以气态进行循环而不发生相变。

②热能驱动热泵，以消耗较高品位的热能来实现将低品位的热能向高品位传送的目的，如吸收式热泵和蒸汽喷射式热泵。

③燃料发动机驱动热泵，是以燃气（油）发动机和蒸汽汽轮机驱动压缩机工作的机械压缩式热泵。

（3）按热泵的供热温度分可分为低温热泵、高温热泵。

①低温热泵，供热温度＜100℃；

②高温热泵，供热温度＞100℃。

（4）按热泵用途分可分为建筑物空调系统供热（冷）热泵、建筑物热水供应热泵、工业用热泵。

（四）高效加热技术

1．高效电加热技术

加热是生产工艺过程中必不可少的步骤，方法很多。其中电磁能加热以其加热定向性好、加热效率高、节能效果好等优点，在加热工艺分类越来越细、要求越来越高的今天，得到了越来越广泛的应用。

电磁能加热按频率划分，主要有低频、工频、中频、高频、微波、红外等数种。随着技术的进步，不少高耗能的电磁能加热装置已被淘汰。而节能效果好，适用范围广泛的远红外加热，微波加热，中、高频感应加热等技术，目前在生产实践中作为主要高效电加热技术，发展很快。如红外加热技术广泛应用于机械制造与冶金工业、化学与橡胶工业、陶瓷与建筑耐料工业、纺织工业、制革和制鞋行业、造纸、印刷、医学与制药、食品工业、建筑物采暖等领域；微波加热技术广泛应用于纺织与印染、造纸与印刷、烟草、药物和药材、木材、皮革、陶瓷、煤炭、橡胶、化纤、化工产品、医疗等行业；中、高频感应加热技术则在冶金、机械加工、高熔点氧化物的制备、食品等行业中得到广泛应用。

此外，为适应一些工艺对加热的更高要求，还出现了其他一些高效电加热技术，如等离子体加热技术（等离子切割、电弧冶炼）等。

2. 电加热高效节能评价

电加热是将电能转化成热能，相当于火力发电的一种逆转化，单纯从能量转化的角度，是很不经济。

因此评价电加热是否高效节能，要根据加热对象不同、能否实现定向加热、减少热损耗及电加热目的不同来综合进行。如：是否能达到需要的目的；是否能减少被加热物的损耗；是否能提高劳动效率；是否环保以及减少资源的消耗；是否能提高产出率，使资源的利用最大化；是否采用其他方法无法实现；投资回报高低；可控制性高低等。

（五）余热利用

1. 分布式发电与热电冷联产

（1）集中式发电和分布式发电

目前世界各国的供电系统以大机组发电，大电网、远距离、高电压输电为主要特征。所谓集中式发电，就是将一次能源在远离使用场所的地方通过大型发电设备转换成二次能源（电力），然后通过大电网输送到用户端。虽然全世界约 90% 的电力负荷都由这种集中单一的大电网供电，但当今社会对电力供应质量、安全可靠性及能源利用效率的要求越来越高。大电网自身的主要不足是：①远离负荷中心的大型机组，其余热被浪费，加上线损，能源总利用效率低；②超远距离时高电压输电成本较高，且稳定性较差。分布式发电则是将便于输送的一次能源输送到用户现场或靠近用电现场，并在用户现场配置较小的发电机组（一般低 30MW），以满足特定用户或区域的供电、供热（供冷）需要。根据发达国家的经验，大网系统和分布式发电系统相结合是节省投资、降低能耗、优势互补，提高系统安全和灵活的主要方法。

(2) 热电联产

分布式发电系统中的发电机组多以清洁燃料（主要是天然气）为能源，由于发电机组功率较小，发电效率一般低于发电厂中的大型发电机组。伴随着发电过程的进行，燃料的大部分能量以废热的形式从发电系统中排放出来。如何回收利用发电系统中排放出来的热量，变废为宝，提高能源综合利用率，是建造和应用分布式发电系统的关键。在分布式发电系统配置换热器或余热回收装置，将发电系统中排放的废热转换成蒸汽或热水，使分布式发电系统成为热电联产系统，是提高能源综合利用率的有效措施。

(3) 热电冷联产

空调设备是满足生产工艺性要求和人们生活舒适性要求的必须产品，随着国民经济建设的快速发展和人民生活水平的不断提高，空调设备的安装使用日益普及，空调设备所消耗能量占能源总耗量的比例越来越大。

在集中式空调系统中，空调制冷（供热）主机既可采用电力驱动的冷水（热泵）机组，如电力螺杆式冷水机组、电力离心式冷水机组、风冷热泵组等，也可采用热能驱动的冷（热）水机组（设备），如溴化锂吸收式冷（热）水机组等。所以，利用分布式发电系统排放的余热来驱动空调冷（热）水机组或余热锅炉进行冷（供热）运行，实现热电冷联产，同时满足系统的供热（供冷）和供电需要，是发展和利用分布式发电系统的最佳技术方案。这一概念在20世纪80年代美国公共事业管理政策法公布后，正式在美国得到推广，然后逐渐被其他国家所接受。由于城市对环保的严格要求以及天然气输送管网的广泛应用，分布式发电系统的能源以天然气为主。所以，简单地说来，热电冷联产（CCHP：Combined Cooling HeatingAnd Power）系统就是以天然气作为能源，同时满足区域或建筑物内的供热（冷）和供电需求的分布式能源供应系统。

2. 热电（冷）联产系统类型

(1) 大型区域热电联产（DHP）

一般由大型热电厂向城镇范围供应蒸汽和高温热水，管网半径可达5—10km。由于大型电厂的输电线路都是区域间（甚至全国和国际）联网的，所以很难分出其供电半径。其发电能力都在10～100MW。

(2) 小型区域热电联产或热电冷联产（DCHP）

一般以小型热电联产机组向一个区域，如住宅区、工业商业建筑群或大学校园供应蒸汽或高温水，用于工业或采暖。有时在热电站直接利用热能，通过吸收式制冷机产生空调冷热水、通过余热锅炉或汽水换热器产生低温（<100℃）热水，再通过管网供应给用户。其发电能力在1～10MW。

(3) 建筑（楼宇）热电冷联产（BCHP）

一般以小型或微型发电机组，加上吸收式制冷机或余热锅炉，直接向建筑物或小规模建筑群供电、供冷、供热（包括供应生活热水）。其发电能力用于住宅的从10kW（或以下）级到100kW级，用于大型楼宇的也有1MW（或以上）级。

3. 热电冷联产的优点

以天然气为能源大型发电厂的发电效率一般为35%～55%（含联合循环机组），扣除电厂用电和输变电损耗，终端的利用效率只能达到30%～47%。而热电冷联产方式没有输电损耗，通过不同循环的有机整合，使系统内的中低温热能得以合理利用，在满足用户需求的同时实现能量的综合利用，能源综合利用率可达80%以上（最高可达90%），对节约能源和促进国民经济可持续发展具有重要意义，用户也可大幅度节省能源费用。

(1) 缓解供电高峰负荷压力

受传统习惯的影响和应用条件的限制，目前家用空调仍以电空调为主，电力驱动的冷（热）水机组在集中式空调系统中的装机数量、容量也远高于以热能驱动的冷（热）水机组。随着空调设备安装使用的日益普及，空调耗电所占比例越来越大，不少大中城市在夏季高温季节的空调负荷占到30%～40%，且主要集中在负荷高峰时段，极大地加剧了供电紧张和供电峰谷差。为了短时的高峰负荷而建造大型发电厂花费巨大，利用小时少，经济效益较低。热电冷联产系统可同时供电、供冷（供热），不但可减少空调用电，还可为建筑物提供全部或部分用电，从而减小供电峰谷差，缓解电网在供电高峰负荷时的压力。

(2) 提高电网的供电安全性和用户的用电保障

大电网中任何一点的故障所产生的扰动都会对整个电网造成较大影响，严重时可能引起大面积停电甚至是全网崩溃，造成灾难性后果。直接安置在用户近旁的热电冷联产系统与大电网配合，可大大提高供电可靠性，在意外灾害（例如地震、暴风雪、人为破坏）使电网崩溃的情况下，可确保重要用户的供电和空调需求。

(3) 缓解环境保护压力

热电冷联产系统以天然气作为能源，排放物对环境污染影响小，对保护环境具有积极作用。此外，由于热电冷联产系统的一次能源利用率高和输送能耗低，使得在产生相同终端量的情况下所消耗的燃料比传统的集中式发电所消耗的要少，相应地降低了排出的污染物和温室效应气体。

(4) 平衡能源消费

长期以来，我国的能源消费以煤炭为主，随着我国陆上气田及海上气田的不断探明和开发，一系列输气工程（如西气东输、陕气进京、春晓油气田的开发、进口LNG上岸等）的实施和建成，天然气的供应能力正在快速提高，能源结构已发生重大变化。热电冷联产的推广应用可同时减少空调用电需求和增加天然气消费，使煤、气的供应比例和消费比例趋于合理。

(六) 建筑节能

建筑节能是指建筑物在使用和建造过程中，合理地使用和有效地利用能源，提高建筑使用过程中的能源效率，主要包括采暖、通信、空调、照明、炊事、家用电器和热水供应等的能源效率，以便在满足同等需要或达到相同目的条件下，尽可能降低能耗。

由于通过建筑围护结构散失的能量和供暖制冷系统的能耗在整个建筑能耗中占很大一部分，因此，现在世界各国建筑节能的重点都放在节约采暖和降温能耗上，并且把建筑节能工作同提高热舒适性，降低采暖和空调费用以及减轻环境污染结合起来。也就是说建筑节能的技术途径，主要依靠减少围护结构的散热以及增进供热、制冷系统的热效率。前者要求加强门窗、外墙、屋顶和地面的保温隔热，后者要求系统设备合理配套，运行控制调节灵活,并设有能量计量装置。同时,在建筑物建造过程中,要重视采用节能技术和节能产品,以降低能源消耗。过去,由于节能观点淡薄,房屋设计不合理,建筑能耗高的问题长期被忽视,加上使用管理不善等原因,造成了严重的能量流失和浪费。

建筑将可能超越工业、交通、农业等其他行业成为最大的高耗能行业。建筑节能将成为全社会提高能源使用效率的重要组成部分。

第四节 需求侧响应

近年来,我国电力供需形势发生深刻变化,生态文明建设、能源消费革命、新一轮电力体制改革的推进都对电力需求侧管理提出了新的要求。电力生产供应和消费应贯彻节约优先、绿色低碳的国家能源发展战略,在增加电力供应时,统筹考虑并优先采取电力需求侧管理措施。

一、需求侧响应基本概念

(一)电力需求响应

需求响应(DR),即电力用户根据价格信号或激励机制做出响应,改变以往的电力消费习惯或用电行为,从而促进电力供需平衡、保障系统稳定运行的市场参与行为。也就是说当用电出现缺口时,充分发挥市场机制的调节作用,电力用户根据价格信号或激励政策,按照供需双方事先签订的合作协议,主动改变其用电行为,减少高峰用电负荷,从而促进电力供需平衡、保障系统稳定运行的行为。

当满足以下条件之一可考虑启动需求响应:

(1)全省电力供需出现紧平衡;

(2)全省电力供需出现缺口,供需缺口小于全省电力需求响应总能力;

(3)局部地区出现电力供需缺口,电力供需缺口小于当地电力需求响应总能力。

(二)可调节负荷

可调节负荷资源指能够根据电价、激励等信息,实现启停、调节运行状态或调整运行时段的客户侧用电设备、分布式电源设备及储能设备等。

可调节负荷大致可以按照以下情况进行分类：

（1）按行业类型可分为工业负荷、商业负荷、农业负荷、居民负荷，电动汽车及储能等。

（2）按控制方式可分为直控负荷和自控负荷。

（3）按响应速度可分为日前（1天）、小时级（一般0.5~4h）、分钟级（5min以内）、秒级（1min以内）、毫秒级（1s以内），其中分钟级及以内只针对空调、储能等具备条件的负荷，并签订负荷直接控制协议。

（4）按应用场景可分为削峰、填谷、新能源消纳、区域电网精准负荷控制、紧急需求响应、市场化交易、虚拟电厂等。

二、电力需求响应开展的原因

（一）政策方面，多方位助推电力需求响应的实施

自21世纪初，国家各部门就已陆续出台政策文件，指导用能单位开展电力需求侧管理工作，加强电能管理，调整用能结构，提高终端用电效率，为实施需求响应提供了强有力的政策支持。各地方也出台了开展电力需求侧响应的实施细则及多种优惠政策。

（二）市场方面，经济效益调动供需双方的积极性

售电侧改革有利于实现供需方资源的优化配置和综合能效提升，为电力需求响应提供更好的实施环境。售电公司可进行削峰填谷改善用户负荷特性，帮助用户降低成本，提升客户黏性。

随着新基建发展、互联网智慧能源战略实施以及电力市场改革的推进，实施电力需求响应将成为新形势下的发展趋势，市场空间广阔。

三、开展需求响应的措施

（一）基于价格的需求响应措施

用户根据接收到的电价信号，包括分时电价、尖峰电价和实时电价，通过削减负荷可减少电能消耗，降低负荷峰谷差，调整电力需求，达到优化系

统资源配置的效果。

（二）基于激励的需求响应措施

根据电力系统供需状况相关的政策要求，用户在发生系统性或区域性电网紧急情况下降低电力需求，可获得直接补偿或电价折扣优惠。传统的激励计划包括直接负荷控制和可中断负荷，市场环境下的激励计划包括需求侧竞价、紧急需求响应以及容量市场、辅助服务等。

四、需求响应执行

（一）响应要求

1. 响应能力

全省用户协议响应能力合计值应达到年度需求响应计划值的150%。单个用户的协议响应能力不高于年度有序用电方案的错避峰负荷量，且需确保人身、设备等安全；协议响应能力一般为该用户最高用电负荷的10%以上，且对正常生产经营活动不产生较大影响。

（1）当满足以下条件之一可考虑启动削峰需求响应：

①全省电力供需出现紧平衡，且备用容量不足；

②全省电力供需出现缺口，电力供需缺口小于全省电力需求响应总能力；

③局部地区出现电力供需缺口，电力供需缺口小于当地电力需求响应总能力。

当全省出现持续性的电力供需缺口，且大于全省电力需求响应能力时，则停止执行需求响应，启动实施有序用电。

（2）当满足以下条件之一可考虑启动填谷需求响应：

①用电负荷水平较低，且电网负荷备用不足；

②用电负荷大幅下降，电网负荷调节能力不能适应峰谷差变化；

③可再生能源波动性、间歇性影响导致电网调节困难。

2. 响应时段

实施削峰需求响应的时间段原则上为白天用电高峰时段（早高峰：10:

00~11：00，午高峰：13：00~17：00），具体时段在响应邀约中明确。实施填谷需求响应的时间段原则上为低谷时段（凌晨低谷：0：00~6：00，中午低谷：11：00~12：00），具体时段在响应邀约中明确。单次需求响应总指标根据电网实际供需情况确定，当其低于年度需求响应计划值时，则用户的需求响应指标也按比例下调。

（二）响应实施主体

需求响应实施主体包括政府主管部门、电网企业、电力用户、负荷聚合商等。

电网企业作为需求响应的重要实施主体，在政府电力主管部门指导下，组织开展需求响应工作。会同政府部门制定需求响应工作方案，做好资源普查、客户宣贯、组织实施、效果认定等具体工作。

电力用户制定自身参与需求响应的实施预案，履约执行需求响应。参与直控型实时需求响应的，应履约保证保底可调节负荷的在线水平。

负荷聚合商制定自身参与需求响应的实施预案，做好所集成负荷资源的有效管理，确保履约执行需求响应。参与直控型实时需求响应的，应履约保证保底可调节负荷的在线水平。

（三）响应实施场景

实施场景主要包括削峰、填谷、新能源消纳、紧急需求响应、区域电网精准响应、市场化交易响应、虚拟电厂等。

1. 削峰响应

在夏冬两季电网用电负荷高峰时段，市场供需矛盾突出的情况下，启动削峰响应，降低高峰时段用电负荷，实现电力供需平衡。

2. 填谷响应

在用电低谷时段、火电机组调峰困难，启动填谷响应，鼓励电力用户低谷期间用电，填补负荷低谷，实现电力供需平衡。

3. 清洁能源消纳响应

在清洁能源大发时段，风电、光伏、水电等清洁能源发电消纳困难时，利用市场化手段引导用户多用清洁电，减少弃风、弃光、弃水。

4. 紧急需求响应

在发生自然灾害、设备故障等情况下，电网供电能力受限，启动紧急需求响应，降低用电负荷，实现供需平衡。

5. 区域电网精准需求响应

在局部电网存在短时缺口、设备过载等情况，但电网改造投资经济性不高时，组织该区域内客户实施需求响应，提升用电负荷率，缓解电网投资压力。

6. 市场化交易响应

通过综合能源服务公司等负荷聚合商，聚合需求响应资源，参与辅助服务市场、容量市场、电力现货市场等交易，完善市场红利分配机制。

7. 虚拟电厂

通过综合能源服务公司等聚合商，利用智慧能源服务平台聚合客户侧可调节负荷，分布式电源、储能等各类资源，满足"虚拟电厂"技术性能，实现与电网能量交互。

（四）响应实施对象

实施对象包括工业负荷、建筑楼宇负荷、储能负荷、电动汽车负荷、负荷聚合商负荷、农业负荷、居民负荷等。

1. 工业负荷

工业生产领域中具备可调节能力的生产、辅助、办公生活等用电负荷。

2. 建筑楼宇负荷

建筑楼宇中的集中式空调、分散式空调、电锅炉等用电负荷。

3. 客户侧储能负荷

蓄热式电采暖、冰蓄冷、电池储能、电感电容储能等储能设备。

4. 电动汽车负荷

通过对电动汽车充电桩功率、时间的调控和对V2G充电桩充放电方式及功率大小控制，成为可调节的充放电设备。

5. 负荷聚合商负荷

负荷聚集商将分散的工业负荷、建筑楼宇负荷、居民负荷、电动汽车负荷等进行聚合，以聚合代理的形式参加需求响应。

6. 农业负荷

农业生产过程中的提灌水泵、自动烘干式制肥机、智能饲料粉碎机、沼气制备辅热装置、农产品自动电烘干炉等设备负荷。

7. 居民负荷

居民分散式空调、电热水器等便于调节控制与负荷聚合，且短时调节对居民生活影响较小的负荷。

（五）响应程序

1. 响应邀约

省电力公司根据电网供需变化情况，确定需求响应区域、指标值、响应时段等信息，提出需求响应启动建议，省发改委（能源局）启动需求响应。省电力公司组织市、县供电公司通过负荷管理系统于响应前一天中午12时前，向邀约范围内的所有签约用户发出响应邀约。邀约信息应包含响应时段、协议响应能力、用户基线平均负荷、邀约反馈截止时间等。

用户对邀约信息有异议的，当地供电公司要认真听取用户意见，意见合理的，要予以采纳。意见无法达成一致的，不列入邀约范围。

2. 响应能力确认

用户应于响应邀约发出后 2h 内反馈是否参与本次需求响应，逾时未反馈的视为不参与。省电力公司根据用户反馈信息统计本次计划参与负荷总量，若计划参与负荷总量大于或等于需求响应总指标，则单个用户的需求响应指标按其协议响应能力进行比例分配；若计划参与负荷总量小于需求响应总指标，则单个用户的需求响应指标为其协议响应能力，剩余供需缺口考虑通过有序用电等方式达到平衡。省电力公司在收到用户反馈后 1h 内向所有参与用户发出响应确认信息，确认信息包含响应时段、用户本次需求响应指标、用户基线平均负荷等。

3. 响应执行

用户在响应日按照约定的响应时段和需求响应指标，完成负荷调控。

（六）效果评估

1. 基线计算方式

需求响应起止时间为响应确认信息中的响应时段。根据气温、用户历史负荷曲线，原则上选取用户在需求响应邀约日的前5个工作日，将其对应响应时段的平均负荷曲线作为基线。基线中出现的最大负荷称为基线最大负荷，出现的最小负荷称为基线最小负荷。根据基线计算出的平均负荷称为基线平均负荷。

2. 评估标准

实施削峰需求响应时，用户在响应时段须同时满足以下两个条件：

第一，最大负荷低于基线最大负荷；

第二，平均负荷应低于基线平均负荷，且其差值大于需求响应指标80%，则视为有效响应；否则视为无效响应，不予补贴。

实施填谷需求响应时，用户在响应时段须同时满足以下两个条件：

第一，最小负荷高于基线最小负荷；

第二，平均负荷应高于基线平均负荷，且其差值大于需求响应指标80%，则视为有效响应；否则视为无效响应，不予补贴。

（七）补贴计算和核发

（1）根据最新的价格政策，对于削峰实时需求响应，补贴单价为4.0元/kWh；对于削峰约定需求响应，补贴单价为2.0元/kWh。

（2）根据最新的价格政策，对于填谷需求响应，补贴单价为1.2元/kWh，具体响应时段以后续通知为准。

（3）补贴核发。用户补贴资金按季度结算核发。电力需求响应补贴事宜，由省电力公司根据评估测算数据，于当年10月和次年1月第7个工作日前报送省发改委、省能源局审核，审核通过的补贴金额在省发展改革委网站上进行公示，公示期1周，用户如对补贴金额有疑义，可在公示期内向省发改委、省能源局提出复核要求。公示期结束后的10个工作日内，省电力公司完成用户补贴金额的结算发放。省电力公司应于次年1月底前向省发改委、省能源局报送今年电力需求响应实施情况。

第六章　电力业务创新

第一节　互联网环境下电力消费服务创新

移动互联网的快速发展使得电力企业的电力系统稳定性在不断加强，消费者用电安全也得到保障。可是，随着经济的持续发展与人民生活水平的日渐提高，人民对其服务质量的要求也在不断提高。于是在这种背景下，如果要想保障电力企业的高速发展，解决两者之间的矛盾，那么电力企业就必须不断地创新营销服务的方式，进而满足消费者当前的用电需求。

从电力企业行业发展情况来看，电力系统和信息技术，移动互联网技术之间的联系越来越紧密，伴随着移动互联网的进一步介入，也极大地提升了电力服务上的安全性与稳定性。当前，在对电力能源提出更高需求的背景下，以"互联网＋""全天候智能电力营业厅""电力营销服务新平台"为依托的新型营销模式，能够有效拉近电力企业产品和服务与电力用户之间的距离，进而提高电力营销和电力服务质量。

目前移动互联网技术取得了突飞猛进的发展，在物联网、云计算和大数据等新技术的帮助下，社会的各行业生产营销活动都在倾向于凭借移动互联网技术，来对营销服务进行创新，使之趋于精细化。从电力行业改革发展来看，以及在"两个转变"以及"三集五大"等电力系统改革政策的推动下，电力营销的服务想要实现高品质和高效率，则需要围绕满足电力用户需求这一条主线，转变传统的营销业态模式，借助于移动互联网技术，对客户加以细分，推行精细化及差异化的电力营销服务。

一、电力消费大数据智能分析技术

电网公司服务的对象主要是当地的居民用户。随着居民消费水平的提高，用电量的增加，根据居民以往的消费资料显示，当气温升高时，居民的用电量会增加。为了更好地为居民供电以及进行其他的电力服务，电网公司需要对居民用电消费所受影响的相关因素进行调查统计，并且掌握居民用电习惯及其主要影响因素之间的联系。这就需要借助大数据平台进行分析，搭建相关数据挖掘模型，最终实现居民用电消费和用电负荷预测分析。建立数据挖掘模型不仅是为了了解居民用电消费行为，提高负荷预测的准确性，也是为了验证大数据技术应用于电力行业的有效性，为以后高效的服务提供保障。

（一）电力大数据

电力大数据主要包括数据采集层、数据存储层、数据处理层、数据应用层以及平台管理的层级框架。其中，数据采集层是采集和整合数据的统一场所。数据存储层的作用是大规模存储、快速查询读取。数据处理层是提供数据的加工、分析、处理和挖掘服务的场所，主要是对数据进行查询和计算。数据应用层是通过对数据进行挖掘分析，实现新的价值，为大数据分析技术提供依据。平台管理层级框架的功能是为大数据开发人员提供稳定高效的大数据分布式系统开发、运维和管理。

样本数据中经常包含一些有缺陷、不一致的数据，所以在对数据进行建模前需要对这些数据进行预处理，确保数据的可利用性。涉及的数据预处理主要包含异常数据的处理及有关节假日和自然增长因素的数据处理。

1. 异常数据处理

观察并找出样本数据中存在的一些空值、异常值或超出阈值范围的数据，对于这类异常数据，处理时不能直接进行舍弃，而应该分析这类数据产生异常的原因，并且运用数据补齐算法对其进行预处理，以确保数据的完整、准确。

2. 节假日因素

我们知道，周六和周日是大部分事业（企业）单位放假休息的时间，这段时间会造成节假日居民用电消费量增加，为了保持不同日期类型的数据在一定时间周期内的可比性和连贯性，就需要对节假日期间的相关数据进行预处理。

3. 自然增长因素

随着社会的发展，居民生活水平不断提高，这时便要考虑到居民用电消费在一段时间内较之前相比会有一定幅度的提高，所以我们需要考虑自然增长因素的影响，并对数据进行预处理。

目前电力行业已经基本被网络化与智能化所覆盖，对客户的分群的数据主要来源于电力的计量、营销等业务系统。通常情况下，系统是利用智能采集终端设备和通信网络对客户的数据进行采集、抽取。由于数据量很大，在大数据时代用传统的智能分析法已经不能适应当前的需求，但大数据时代的智能分析技术也是基于传统的智能技术之上的。我们可以考虑运用基于云计算环境下的数据分析处理技术。

（二）云计算技术的描述

云计算技术是基于互联网的相关服务的增加、使用和交付模式，通常涉及通过互联网来提供动态、易扩展且经常是虚拟化的资源。云是网络、互联网的一种比喻说法。过去在图中往往用云来表示电信网，后来也用来表示互联网和底层基础设施的抽象。因此，云计算甚至可以让你体验每秒10万亿次的运算能力，拥有这么强大的计算能力可以模拟核爆炸、预测气候变化和市场发展趋势。用户通过电脑、笔记本、手机等方式接入数据中心，按自己的需求进行运算。

随着社会朝着信息化的方向发展，电力企业也开始沿用了信息化的管理模式。但是，电力公司的信息化管理依旧存在信息系统管理落后、信息的安全缺乏保障对策以及信息技术利用不够全面等情况。为了加强对电力公司的信息管理，电力公司应该在电力系统中运用云计算技术。居民用电消费所涉及的相关数据信息量多且杂乱，应用云计算技术不但能够有效地解决这些信息，而且可以高效处理电力系统中海量存储和计算复杂的问题，提高了电力企业工作效率。因此，云计算数据分析处理技术是应用于电力系统中的一种必不可少的技术。

当然，云计算技术侧重于计算的强大能力。在大数据时代，还有很多其他的智能分析技术。比如说，智能视频分析技术，这个技术侧重于视频的数据分析，我们也可以运用到电力消费的数据分析中去，可以通过视频分析客户的消费状况。

科技的发展是迅速的。大数据时代的到来虽然给人们带来了海量的数据，但是也给人们带来了分析它们的智能技术，给人们的生活带来越来越多的便利。通过运用智能分析技术来处理电力行业客户的消费信息，能够促进电力企业的服务改善与升级，提供令消费者更满意的服务。

二、电力消费服务云平台

近年来，随着电网规模不断扩大，结构日趋复杂，市场化改革日益深入，新能源技术不断发展，使得电力系统的安全与经济运行以及系统控制等变得越来越困难。

随着分布式处理、并行计算、网格计算和效用计算的快速发展，云计算为智能电网下的数据规模海量信息处理、分析、存储、管理与计算平台提供了新的解决思路。

（一）云计算概述

目前，对于云计算并没有一个标准化的定义。云计算的流行说法是：在互联网环境下的一种分布式计算模式，它强调面向服务（SOA）的概念和"数据中心"的架设，通过虚拟化技术，向用户提供各种服务，并实行"按需供给，按需付费"的思想，以比传统分布式计算更加经济的方式提供服务。计算机学术界和产业界普遍认为，云计算可向用户提供三个层面的服务，即"基础设施即服务""平台即服务"以及"软件即服务"。

在国内的电力系统产业界，已经开展了多种信息平台建设方案，包括国家电网公司的SG186与国家电网企业资源计划、南方电网公司的基于SOA

的企业级信息系统、华东电网企业级信息系统等。在 IT 产业界，包括 Google、Microsoft、IBM 等在内的许多行业大企业投身于云计算的研究与实践，并推出了一系列的云计算平台，包括 Amazon Elastic Compute Cloud、GoogleApp Engine、Sun Grid 等。在学术界，也有研究者开始探寻云计算技术在科学计算和工程计算中的应用前景。

（二）智能电网对信息平台的要求

1. 精确、快速、开放、共享

精确、快速、开放、共享的信息系统是智能电网的基础，也是智能电网与传统电网的最大区别。智能电网的战略思想对信息平台的建设提出了以下三方面的更高要求：

（1）贯通智能电网的发电、输电、变电、配电、用电、调度六个环节，实现信息的全面采集、流畅传输和高效处理，支撑电力流、信息流、业务流的高度一体化。

（2）建立信息共享透明、集成规范、功能强大的业务协同和互操作平台。

（3）海量信息的可靠存储与管理，充分挖掘信息的潜在价值，提升智能电网的分析和决策水平。

综上所述，建立安全、稳定、灵活、方便的大规模海量信息处理与计算平台是推动智能电网发展与建设的关键。而分布式处理、并行计算、网格计算和效用计算等方面的逐渐发展促进了云计算的发展。

采用云计算技术构建智能电网信息平台，在现有电力设备基本不变的情况下，充分整合分析中国电力系统内部的计算处理与存储资源，实现智能电网全部业务信息的可靠存储与管理，具有成本低、可靠性高、易扩展等优势。这就能极大地提高电网数据处理与交互能力，为智能电网信息平台的建设提供了全新的解决技术。

2. 云计算在智能电网信息平台的研究及应用

云计算在智能电网信息平台中的研究及应用主要体现在以下三个方面：

(1) 异构资源的集成与管理

在电力自动化系统中，存在多种应用系统和不同的应用平台，由于其应用的不同以及软硬件提供商、开发商不同，导致数据资源分散，并呈明显的异构性。云计算利用虚拟化技术使不同的服务器、网络和应用等资源抽象成服务形式，屏蔽其各自差异，统一对外提供服务。另外，通过云计算的平台管理技术可以实现服务器协同工作。

(2) 海量数据的分布式存储与管理

使用分布式存储方式，云计算可以在智能电网中高效存储海量级别的数据，并能保证电网数据的可靠性。采用 Big Table 等技术，云计算可实现对各类电网数据的分析、处理以及高效管理。

(3) 快速的电力系统并行计算与分析

云计算具有高性能的并行处理及运行能力，可为智能电网高效计算与分析提供有效保证。

对云计算技术的研究，特别是云计算技术在智能电网中的应用研究尚处于探索阶段。除了云计算平台中需要解决的异构资源集成优化、资源虚拟化、云计算服务架构选择等基本关键问题之外，对于智能电网的要求与特点，还需要重点研究智能电网云端的调度和自愈性问题。

(三) 智能电网云端的任务调度

电力系统中常常有大量的计算任务。这些计算任务本身需要强大的计算能力，并且要求能得到及时响应，具有实时性。智能电网提出后，这种对实时计算资源的要求与依赖必然会进一步提高。引入云计算技术，用户在虚拟的平台上设计与提交计算任务。云计算平台将按照一定的算法与规则按需为计算任务分配计算资源。因此，任务调度系统是云计算平台中的重要组成部分。它要根据任务的信息采用适当的策略把不同的任务分配到不同的资源节点上去运行。由于云计算平台的基础设施具有异构性和动态性等特点，这就对网格的任务分配策略提出了严峻的考验。不好的任务分配策略势必会增加任务的执行时间，降低整个云计算系统的吞吐量。针对智能电网中不同类别的任务调度，要高效地分配利用分布式资源，就需要一些有效的调度算法。

近年来,启发式智能算法成为任务调度问题的一个主要研究方向。经典启发式算法主要包括 Min－min 算法、Suffrage 算法、遗传算法(GA)和模拟退火(SA)算法。其中,GA 算法、SA 算法的复杂度较高;Min－min 算法以最快的速度减少调度队列中的作业,尽量缩短所有作业的完成时间;Min－min 算法会使系统负载不均衡,并导致 make－span 较大。

但是,以上算法均是基于离线的信任管理模式,都是一次分配完毕便对任务进行固定的调度,不能顺应云计算环境中的计算任务和异构环境变化的特性,也不能解决网络欺诈等问题。在面向智能电网的云计算平台中,云端所要调度的任务环境是面向整个电力系统网络甚至是公有网络。因此,为适应智能电网信息平台环境中的动态性、实时性以及安全性要求,需要结合已有的各种研究成果,分析各种调度算法的优点与不足,研究动态的、面向智能电网的任务调度算法。

(四)智能电网云的自愈性

智能电网不仅是为实现电力系统安全稳定、优质可靠、经济环保等要求而提出的未来电网发展方向,还是实施可持续供电战略的重要保障,具有融合、优化、分布、协调、互动、自愈等特征。其中,自愈是智能电网的标志性特征,目的是通过快速仿真决策、协调/自适应控制和分布能源集成,实现实时评价电力系统行为、应对电力系统可能发生的各种事件组合、防止大面积停电,并快速从紧急状态恢复到正常状态。

目前,国内外学者都在积极探讨具有自愈能力的电网架构。有学者将电网的自愈划分为两个层面:一是元件层,二是系统层。元件层即电力网络的一、二次元件,如一次元件有断路器、变压器、FACTS 装置等,二次元件有各类保护和自动装置等。元件层的自愈主要是针对某个局部设备的修复或替换。系统层则是针对系统中的故障进行自行隔离并自动完成不中断输电和供电的功能。它基于全系统的信息,以全系统能最大限度保证正常运行为目标并涉及对多个元件的处理。新的研究内容电力云是面向智能电网的,因此,也应充分保证服务平台的自愈性,保证在系统受到恶意攻击或者网络、基本设施出错失效时,依然能最大限度地保证系统的正常运行。

现有研究大部分集中在元件层或者对元件的直接控制上,而电力云最重要的意义在于利用分布式资源来完成大量复杂的电力系统计算任务。在电力云中造成系统内部出错的原因主要集中在网络故障、网络攻击和资源的临时失效等方面。这些错误都是可以恢复并且通过自愈机制来实现"透明化"的,因此,与传统的电力系统有所不同,而现有的自愈机制又无法直接应用。为此,研究一种面向智能电网云的自愈机制,实现基于云计算的智能电网信息平台的自愈性,主要通过两种手段(一是出错检测,二是出错之后的补偿算法),以实现计算资源的热交换,保证计算任务的顺利执行。

(五)云计算的发展前景

云计算是近年来的一项新兴技术。它能有效实现高性能的分布式计算。通过对大量异构分布式计算资源的集成,云计算具有超强的并行计算能力和存储能力,并具有良好的可扩展性、高可靠性和高度自动化、虚拟化等优点。目前,云计算的发展还处于起步阶段,智能电网下构建云计算平台也处于研究的探索阶段,诸多内容有待深入研究。采用云计算技术构建智能电网信息平台,可以在现有电力设备基本不变的情况下,充分整合中国电力系统内部的计算处理与存储资源,实现智能电网全部业务信息的可靠存储与管理,具有成本低、可靠性高、易扩展等优势。

当前我们可以充分利用体验中心组织并开展能源互联网服务平台的参观体验和培训交流推广活动。

1. 单项应用体验

参观者可以在体验中心,通过各种视听和多媒体交互形式,详细了解和体验分布式能源、电力交易、多售电体运营、灵活互动用电、需求侧管理等关键业务环节是如何具体应用数字化技术提升工作效率和服务质量。

2. 综合集成应用体验

用户可以认识和体验如何在电力全生命周期各业务实现产品信息的。

三、互联网环境下的电力消费体验中心建设

互联网环境下的电力消费体验中心在能源互联网及电力消费模式中,将

发挥验、实训、科研、服务职能，成为一个能源互联网推广应用的创新载体。建设模式是：电力公司作为建设主体，整合现有的实验室、设备资源、数据资源、软件资源，形成电力消费服务软硬件集成平台，完成能源互联网电力消费模式与技术的学习、科研、体验，推动云平台在体验中心部署互联网环境下的能源互联网技术的推广与普及。在电力消费的基础软件平台和能源互联网虚拟环境中，利用云计算和大数据技术支撑体验中心智能化和网络化。电源企业、电力装备企业、售电企业等既可以在体验中心部署其服务，又可以开展服务创新和技术研发，同时将其解决方案或者智能装备以服务的形式在体验中心进行部署，协助完成体验中心的生产服务功能。

体验中心建设模式，其优势包括：

（1）电力公司作为建设主体，在基础条件设施、能源联网技术研究、智能设备、电力数据资源等方面具有优势，可以最大限度地降低体验中心建设的成本，发挥体验中心的作用。

（2）云平台的参与，既为体验中心配置了"互联网＋智慧售电"软环境，又有助于平台自身产品的用户体验和推广应用。

（3）电力消费生态体系各方的参与有助于为体验中心搭建真实的电力消费环境和交易模式展示，并成为企业的培训基地。

（4）协同与创新应用体验。企业可以利用公有云和私有云构建和部署移动互联的业务工作协同平台，实现IT资源集约化管理，降低运维成本，实现快速服务产品创新目标。

（5）示范用户成功案例。参观者在体验中心还可以了解典型行业的解决方案和示范用户的成功案例等。

四、动态优化精准供电服务

随着能源互联网战略推进及售电侧放开，将逐步形成竞争性的售电市场，供电服务需求由低级阶段向高级阶段发展，用户不仅需要更安全、可靠的供电服务，减少停电次数，还需要优化能效，提高电力消费体验，获得个性化的能源服务。第一，电力服务要着重于满足电网感知的基本服务需求，如提高电能质量、减少停电时长、加快接电效率、降低投诉频率等；第二，供电服务需要挖掘客户多元化延伸服务需求，如制定电生产策略、实时互动用电数据、设备代维与租赁等；第三，供电服务需要开展双赢的增值服务业务，如基于大数据和云服务技术的综合用能方案、综合能源管理、能源互联网运营等能源服务。提升服务质量的方法如下：

（一）构建供电服务热点、风险点预警模型和客户诉求分析模型

以95598业务系统，新型互联网互动服务渠道中的投诉、举报、报修、咨询业务和用电信息采集系统，配网系统中的停电事件、停电范围、业务报装等大数据信息为依据，把气候等外部环境影响因素纳入考虑范围，通过大数据分析技术进行数据预处理，再利用聚类、关联方法进行分析，构建供电服务热点、风险点预警模型、停电、耐力模型。

（二）用户画像与精准消费

从用户的静态属性和用电行为出发，进行客户画像，并进行针对性的群体分析，从客户细分角度出发，分析各类业务的变化趋势和类型转换关系，建立完整的客户诉求分类模型，识别用户内在需求，结合各渠道的特点和用户行为习惯，构建动态优化的用电策略和服务策略，为不同的客户提供主动服务和精准服务。

（三）创新供电服务流程

这些服务流程包括优化增容、减容、暂停、变更等用电业务的办理手续，减少冗余步骤，将关键步骤进行串、并、改，缩短业务办理的时间，实行园区报装业务"一次受理，一并办理"。允许用户选择按容量或按需量执行基本电费，放宽或变更周期限制。根据客户的不同需求实行配套的项目订单立项、接网方案菜单定制、工程物资筹备调配、工程建造模块装配、流程管控线上审批等。

（四）动态优化需求侧管理

整个电力系统的优化、能源效率的提升与需求侧响应资源的开发和利用相联系。在能源互联网背景下，电力企业通过大数据分析、用电诊断、信息挖掘等手段掌握用户的用能特点、负荷发展特性等，首先进行用户需求侧管

理的潜力分析，从社会属性、用电行为两个方面，判断用户用电需求稳定性、需求响应敏感程度等，从而针对不同用户提供更为个性化的用电服务模式。实施需求侧响应能够使能源供给更为精细化，使能源供给与用户的实际用能需求更为贴合。

五、基于大数据的供电服务质量评价体系

电力行业服务水平在一定程度上反映了社会发展水平。这就需要对电网公司的服务质量进行评价，因此，建立供电服务质量评价体系就有必要。建立供电服务质量评价体系，是以国家电网公司服务、生产、消费各系统的数据库为基础，凭借互联网上售电平台显示的供用电互动的相关数据，运用大数据分析技术把客户群体进行细分归类，同时整理供电服务能力指标，依据指标建立供电服务质量评价标准，形成供电服务质量细分评价体系。

运用大数据技术所建立的供电服务量分析模型，是解决不同客户之间差异化难题的关键。供电服务质量分析模型是研究供电服务质量评价体系的重要成分，利用传统的供电服务质量分析模型只能对普通客户进行分析。

想要对特定客户进行分析，就需要利用大数据分析技术来对客户进行分类。针对不同客户群，根据它们的特征，以原有供电服务质量指标为基础，再结合相关的服务质量分析模型，并对供电服务质量指标进行整理，同时利用大量的数据根据因子分析法来衡量指标的比重，再根据聚类分析来确定指标的标准，最终形成基于大数据的供电服务质量分析模型。

根据电网公司对客户消费以及其他用电方面信息的收集等相关的大数据，依托现有三大评价体系并且结合服务理念，形成供电服务质量评价指标，通过运用定性、定量的统计分析方法来对供电服务质量评价指标进行归类，然后进行分析海量的电力数据，提取供电服务质量评价体系的关键因素，最终形成正规合理的评价方法和标准。对于定性指标采用定性分析方法，将历史数据和业务规则相结合，对电量指标运用定量指标分析方法，通过构建供电服务质量分析模型最终形成供电服务质量标准，实现对供电服务质量评价体系的动态调节。

六、电力消费服务展望

能源行业是第三次工业革命的引导者,智能电网是"互联网+"的具体表现。"互联网+"将会给电网带来技术应用、服务模式、发展理念等多方面的有利变化。智能电网的建设对于处理全球气候变化,促进世界经济的可持续发展具有重大意义。它能够促进清洁能源的开发和利用,减少温室气体的排放,推动低碳经济的发展。优化能源的结构,实现多种能源形式的互补利用,并且确保能源供应的安全及稳定。有效提高能源输送及其使用效率,增强电网运行的可靠性、安全性和灵活性。推动相关领域技术创新,促进装备制造和信息通信等领域的技术提升,增加就业岗位,促进社会经济的可持续发展。

互联网与传统电网结合,能够利用互联网发展传统电网,增强用户体验感,促进价值共享,打破行业发展边界,提高能源利用率,实现真正意义上的能源资源共享。国家电网公司在电网智能化、信息化等方面已经走在前端。能源互联网必将成为电网发展的主要特征。

能源互联网可以通过分布式发电设备、储能设备、用电设备等环节部署各类能效监测终端、控制器、环境传感器、视频监控等采集控制单元,实现发电、用电、环境及安全数据的实时采集。在能源互联网的推动下,智能用电将得到普及,电力将实现智能化应用。未来的个人或工业将与电网形成良好的互动关系。客户与电网之间积极的互动能够提高用电能效,对电网的能效平衡也起到关键的作用。

未来的能源管理将以能源互联网为基础,以"保证区域能源可靠供应,实现区域能源协调互给"为目标,以电能为支撑,综合冷、热、电、热水等多种分布式能源,构建"源—网—荷"互动的区域型能源互联网络。它能够建立合理的能源分配网络,并且设计出有效的节能策略,降低用能开支,保障能源的持续可靠供应,保障终端用能的安全,从而实现区域中各种能源的协调控制和综合能效的有效管理。

随着智能用电的推广,客户能够通过手机实现能效分析、用电查询、电费缴纳、家电控制和与互联网互动等功能。智能电网的应用范围越来越广，用途越来越大。

智能用电是以技术手段引导客户消费行为，为客户提供能效服务，使客户合理用能，提升能效管理水平。随着电力移动终端应用的增长，电力云技术应用将成为电网管理的技术关键。电力移动终端可直接面向电力营销服务、客户用能服务等方面。目前，很多电力装备已经实现了智能化改造，电网可视化和运行、运维网络化也将在不久之后实现。

"互联网+"电力营销会催生更多种类更新型的服务模式，电力服务模式在不远的将来终会产生显著的变化。移动互联网服务的方式将得到更加广泛的普及，客户与电网之间的双向互动将得以实现。随之而来的将会是电网发展理念的一场巨大变革。一方面，电能替代和绿色替代将成为能源发展的主力军，电能替代主要指以电代煤，以电代油，电从远方来，来的是清洁电；绿色替代就是指大幅度增长的水能、风能、太阳能等清洁能源以代替火电。另一方面，需求侧管理也将变得更加科学合理，分布式能源并网容量的增多也将会加大用电客户与电网之间的互动需求。智能用电、移动终端等的广泛使用同样将促进电网与用电客户之间的互动。这有利于供电侧做出更加合理的调度判断，使用电需求更加科学合理。

第二节 "互联网+"模式在智能电网中的实践

智能电网的核心是城市智能配电网，智能配电网可以全面监测和感知城市能源供需情况、能耗指标，从而做到合理调配和使用电、油、气以及光伏、风电等资源，实现均衡能源供给、提高能源利用效率、减少排放，促进城市绿色发展，保证城市用电安全可靠，丰富城市服务内涵。

能源互联网的研究和建设首先是从配用电端开始的，因此智能配电网的发展前景是能源互联网。未来，自愈和互动将是电网智能化的标志。那时，大规模分布式发电将并入电网；分布式电源与微电网也将被大规模应用。这就要求智能配电网通过分散式智能协调，实现微网的自愈、自治和自组织，使分布式发电通过微网完全整合到智能电网中运行。这将成为配网的工作模式之一，最终将实现大规模商业化和市场化运行，形成全新业务模式。

一、"互联网＋"电网管理

"互联网＋"战略在今年两会期间成为热点话题，实际上在制造业也有很多产业在原业内龙头与互联网企业的推动下，正在迅速地走向智能化，在能源互联网的推动下，智能用电将得到普及，电力将实现智能化应用。未来的电力客户，包括个人客户、工业客户等，与电网的关系将是互动关系。一方面，客户与电网之间的积极互动对提高用电能效非常有帮助，对电网的能效平衡也起到关键的作用；另一方面，客户的生活方式和生活品质将得到改变和提高。随着智能用电的推广，手机作为客户终端也成为智能用电的工具，可以实现能效分析、用电查询、电费交纳、家电控制、与电网互动等功能。随着数以亿计客户的绑定关注，电力客户服务端将产生其他附加价值。

（一）电力云成为电网管理的关键

云安全终端系统，简称云终端，是传统个人电脑的换代产品，采用先进的云计算技术，桌面上的瘦终端超越了传统个人电脑主机在网络可达的范围，可实现在任何时间、任何地点、任何终端设备都可访问用户自己的桌面系统和文件。未来，随着电力移动终端应用的明显增长，云安全终端系统将是大势所趋。

云计算是近年来兴起的一种计算模式，对应用而言，具有近乎无限的可用计算资源以及短时内按需获取或释放计算资源等特点。云计算可以整合大规模异构性计算资源，易于动态扩展，可用来解决目前电网信息系统存在的问题，应对未来智能化电力系统需求面临的挑战。但由于云计算本身仍然处于发展完善阶段，其架构可以建立在多种技术之上，且目前缺乏统一的云计算构建框架，因此，针对国家电网本身的业务特点及对智能电网的具体需求，本文分析并归纳了构建适合国家电网信息系统本身特点和智能化要求的指导性电力云计算架构，详细分析了电力云计算架构实现的关键问题，为国家电网信息系统的科学化演进与发展提供参考和依据。

云计算是国家发展战略的重点，同时也是技术革新的重要平台和受益者。随着全国电力系统互联的发展，现代电力系统正在演变成一个积聚大量数据和信息的计算系统。同时，智能化已经成为电力系统的发展趋势。智能电网具有很强的自愈性，能有效支持大规模的间歇性可再生能源和分布式电源的接入，保证供电的可靠性和电能质量，促进电力市场的公平和有效运行以及用户的参与等。

目前，国家电网信息系统所采用的独占式的两级部署方式没有充分利用现有的计算和存储资源，可扩展性较差，升级成本非常高，灵活性较低，给运维和容灾都带来较大压力。这些缺点目前还并不明显，因为电网现有的数据采集与监控（SCADA）系统在采集数据时一般止于变电站级别，且数据采样频率较低。但以当前的电网信息系统架构应对智能化趋势所带来的挑战，上述缺点就会凸显并严重阻碍电网智能化的发展。

现有信息集成平台难以实现未来的智能电网。首先，不仅 SCADA 系统的采样频率需要明显提高，电力系统数据采集的范围也将扩大，相量测量单元（PMU）、智能电表甚至各种智能家电的嵌入式系统都可能向调度中心提供大量的实时系统信息，现有架构下较差的可扩展性和较高的升级维护成本使得电力信息系统很难廉价快速地为这些海量信息的存储和处理提供保障。其次，智能电网为保证大规模的间歇性可再生能源和分布式电源的接入，促进规模庞大的用户参与，电网信息系统应该具备高度的灵活性以尽快完成各种级别和各类用户应用，并尽可能提高系统的资源利用率，避免因累计效应引起的资源过度浪费。

基于"SG186工程"成果，面向未来具有自愈性、兼容性、交互性和协调性高效优质的智能电网，国家电网公司提出了开展公司总部、网省公司和直属单位的智能决策与业务集成应用建设，实现全面的信息资源共享和业务应用集成，支撑各级业务决策与纵向管控要求，深度挖掘业务协同价值，充分发挥自身优势，支撑公司集团化运作、集约化发展的建设目标。

当前，国家电网正筹划结合应用级容灾中心建设，统一管控信息系统技术架构并实现标准化，适时启动国家电网公司云计算平台建设，利用云计算具有的资源抽象、弹性伸缩、快速部署的特性,实现公司动态的IT基础架构,打破数据中心、服务器、存储、网络、数据和应用的物理设备障碍,集中管理和动态使用物理资源及虚拟资源,提高资源利用率,降低运行成本,提升系统灵活性,提高服务水平。此外,对于经过综合评估分析因业务管理模式的特殊要求或信息技术无法支撑全公司集中的业务应用,在保障满足业务需求的前提下,合理应用云计算等信息技术,逐步实现信息资源的集中管理和统一调配,提升信息资源的集约化管理水平。

为应对智能电网中电力系统数据的快速增长、可再生能源和分布式电源的接入、庞大的用户参与等挑战,实现国家电网智能决策与业务集成应用和应用级容灾中心建设,电网信息系统需要一个动态可扩展、具备海量信息并发处理能力的计算平台。

由于电网信息系统中的应用繁多,基础平台的操作系统也必然存在多样化的问题,Linux和Windows等多种不同的操作系统都在其中发挥作用,因此即使应用Xen虚拟机技术,也必须将全虚拟化作为要求之一。由于海量信息存储、处理、快速部署、迁移及容灾的需求,存储应采用虚拟资源管理平台,主要负责向用户提供动态可扩展的虚拟资源,对电力云而言,就是要为电网信息系统提供最基本的虚拟化计算、存储及网络资源。这里使用的主要是虚拟化技术。

虚拟机也应该建立在其上。由于国家电网业务量巨大,资源管理压力非常繁重,因此采用资源管理两级管理方式,即通过超级管理节点执行电网信息系统的全局策略,控制各个域的管理节点,各个域的管理节点负责本域内的所有业务节点的资源调度,所有业务节点的虚拟机镜像存放在NFS服务器上。

云计算应用于智能电网将成为推动智能电网发展的重要技术,有助于解决电网中信息资源统一管理和调度问题。针对现有国家电网信息平台在升级成本、扩展性、灵活性等方面的缺陷,未来智能电网需要并发处理海量数据,我们利用虚拟化架构整合优化大规模异构信息和资源,采用NFS分布式存储架构存储和管理海量数据,从而提高了电网中异构计算的资源利用率，降低了电网系统信息化成本，为海量数据存储并发处理提供动态可扩展的计算平台。

（二）电力移动终端应用广泛

电力移动终端可直接面向电力营销服务、客户用能服务、电力安全巡检外勤作业终端等方面。此外，可信融合通信等业务体系也将普遍应用电力移动终端。

目前，电力通信、电信运营及移动互联技术的统一可信通信APP"来电"已成功应用。它可提供即时消息、语音通话、视频通话和多媒体会议等服务，可提高电力通信安全性和沟通效率，降低通信成本约20%，并解决跨地域通信难等问题，实现"需求导向、事件驱动、五级联动、全员协同、透明互动"的新型移动互联网工作模式。

（三）互联网贯穿电力各个环节

这方面现在已经有所体现了，比如电力装备智能化，现在很多电力装备都已经进行了智能化改造，就是在原有基础上加一些可通信设备。此外，电网可视化和运行、运维网络化也将在不久的将来实现。

互联网与电网融合产生的电网对于整个国民经济发展非常重要，由于电网的特殊性，互联网与电网融合将产生电网独特的安全特点。电网未来会建一张自己的无线专网，通过通信的全覆盖和运营商的合作，在线上支持各种应用。

未来，"互联网+电力服务"会催生新的服务模式，电力服务模式将产生明显变化，移动互联网服务的方式会得到普及，客户与电网双向互动将变为现实。随之而来的是，电网发展理念将发生变革，一方面，电能替代和绿色替代这两个替代将成为能源发展的主流，电能替代主要是指"以电代煤，以电代油，电从远方来，来的是清洁电"，绿色替代就是大幅增长的水能、风能、太阳能等清洁能源将替代火电。另一方面，需求侧管理也将更加科学合理，分布式能源并网容量的增多会加大用电客户与电网之间的互动需求，而智能用电、移动终端等的广泛应用也将促进电网与用电客户间的互动，便于电网侧做出合理的调度判断，使得用电需求相应更加科学合理。

（四）电网互联催生新兴业态

通过电网的智能调度和优化管理，传统电力行业的变局或将发生。目前，电力的供给端是少数大型供电企业，用户端主要是工业用户和居民用户，从发电到用电是一种自上而下的、单向的过程。但未来在智能电网时代中，这种单向的过程将在一定程度上被打破。

比如一个社区安装了分布式光伏发电系统，就可以自行利用太阳能储电和发电，以供社区内的家庭用户使用，相当于一个微型电网；甚至在供电比较富余的情况下，这个社区的部分电能还可以供给附近的用户使用，或是回馈到城市的大电网中。

如今在电力市场中，由于技术问题造成的信息不对称，用电方的实际需求无法实时传达给供电方，因此供电企业每一阶段的供电量是按照计划定好的，电价也随之固定。

但在未来，随着国家电力改革的逐步推进，"市场决定电价"或将成为现实。以后随着智能电网相关技术的突破，可能会诞生一个统一的电力交易平台，就像大卖场一样。供电方和用电方的信息将在这个平台上实时交互、充分流动。

建立在这种供需信息实时透明、供需关系更加公平的基础上，小型供电方（比如利用光伏发电的微型电网）可以在交易平台上"卖电"给大电网；大型供电企业则与发电方分离，成为服务公司，向发电方"买电"后再供给用户。电价因供求变化而变化，用电方也可据此调整自己的用电负荷，优化用电成本，推动资源节约。

"互联网＋电力营销"应该是电力系统未来运营主要模式。其中，发电厂家相当于产品的生产者，电网公司相当于"代收货款及快递费的高速公路或快递公司"，用户为消费者。

那么如何实现这一愿景？一个重点是推动电力行业加入"互联网＋"计划。形象地说，智能电网可以看作是"以云计算、物联网和大数据等为代表的新一代信息技术＋传统电力行业"的产物，届时电网各个环节的设备都可以连接到互联网平台上，供需信息实时透明的基础也就得以建立。

不仅如此,实现互联互通后的电网将更加智能、安全。这种智能化可以归纳为三步。

第一步是监测,管理中枢可以实时监测到发电、输电、配电网环节所有设备的数据,观察电网运行状态;第二步是传输,所有数据可以通过互联网实时传输到管理中枢;第三步是预测,管理中枢通过大数据分析和挖掘,甚至可以预测哪里会出现安全隐患、哪里会存在高负荷,并在故障发生前更换相关设备,这将大大提高电网运行的可靠性和安全性。

(五) 互联网结合智能电网

历史上数次重大的经济革命都是在新的通信技术和新的能源结合之际出现的。互联网技术和可再生能源将结合起来,为第三次工业革命创造强大的基础,智能电网便是其中的重要成果之一。

如果说第一次工业革命造就了密集的城市核心区、经济公寓、街区、摩天大楼、拔地而起的工厂,第二次工业革命催生了城郊大片地产以及工业区繁荣的话,那么,第三次工业革命则会将每一个现存的大楼转变成一个两用的住所—住房和微型发电厂。

IBM公司、思科系统、西门子以及通用公司都跃跃欲试,期望把智能电网变成能够运输电力的新型高速公路。由此,电力输送网络将会转变成信息能源网络,使得数以百万计自助生产能源的人们能够通过对等网络的方式分享彼此的剩余能源。这种智能型能源网络将与人们的日常生活息息相关。家庭、办公室、工厂、交通工具以及物流等无时无刻不相互影响,分享信息资源。智能公用网络系统还与天气的变化相关联,使得电流以及室内温度会随着天气状况的改变和用户的需要而改变。此外,这种智能网络还能够根据家用电器用电量的多少来进行自我调节,如果整个电路达到峰值,软件就会进行相应的调节以避免出现电网超负荷的情况。举个例子,为节能省电,洗衣机每到一定的负荷量便会跳过一次清洗周期。

智能电网是新兴经济的支柱。正如互联网创造了数以百计的商业机会和数百万的就业机会,智能电网会带来同样的辉煌。虽然有一些家庭已经接入互联网,但是还有一些没有接入网络。由于每个家庭都连接了电网,因此所有家庭都有可能通过电网连接起来。

第二代信息技术改变了以往影响经济的因素，从分布集中的传统化石燃料以及铀能源向分散式的新型可再生能源转移。如今，人类已掌握了一种先进的软件技术，能够帮助相应的企业与成千上万甚至上百万的小型台式电脑相连接。一旦成功连接，这种扁平化技术的威力将大大超越世界上最大的集成式超级电脑。

与之相似，互联网式电网已经应用到一些地区，改变了传统输电网的模式。当数以百万计的建筑实时收集可再生能源，以氢的形式储存剩余能源，并通过智能互联电网将电力与其他几百万人共享，由此产生的电力使集中式核电与火电站都相形见绌。

分布式智能电网的概念已经不是大多数主要信息通信技术公司刚开始讨论智能公共事业网络时所设想的模样了。它们早先的观点是建立集中式的智能电网。这些公司预见到通过智能仪表和传感器的应用将现有的电网数字化，使公共事业公司能够实现包括实时电流量监控在内的远程收集信息。它的目的是提高电流在电网中的输送效率，降低维护费用，并且更精确地了解用户用电量。它们的计划是改良性的，而非根本性的创造。关于使用互联网技术革新电网使其成为相互连通的信息能源网的讨论寥寥无几，而这样做将能够使数百万人自主创造可再生能源并与他人分享电能。

第三次工业革命标志着以合作、社会网络和行业专家、技术劳动力为特征的新时代的开始。在接下来的半个世纪，第一次和第二次工业革命时期传统的、集中式经营活动将逐渐被第三次工业革命的分散经营方式取代：传统的、等级化的经济和政治权力将让位于以节点组织的扁平化权力。

新一代的企业管理者意识到了地方市政当局、各个地区、中型企业、合作社以及业主们对利用微电网自己生产可再生能源的浓厚兴趣，认为这将是一个重塑他们企业地位的好机会。他们设想为能源和公共事业公司注入新的功能，并且在他们传统的能源供应者与输送管理者的角色之外，推行这一新的商业形式。为什么不利用智能公共事业网络来更好地管理从利用化石燃料或核能的集中式电站所输出的电流，并且利用全新的智能电网的输送功能来汇集、传输来自数千微型电站的电力呢？换句话说，从电流单向管理转变为双向管理。

在新的环境下，电力公司将放弃一些传统的自上而下的电力输送和供给控制方式，转而成为一个拥有数以千计的小型能源生产者的不可或缺的一部分。在新的方案中，能源类的公共事业公司将变得更加重要。一个公共事业公司将会成为一名信息能源网络的管理者。它将迅速从能源销售者转变为服务提供商，利用专业技术来管理其他人所生产的能源。因此，未来的公共事业公司将与客户一道管理整个价值链的能源利用，就像 IBM 这样的信息技术公司帮助客户管理它们的信息一样。潜在的新兴商机将最终超越它们的传统业务——单纯的销售电力。

对民用电力客户而言，电力与互联网的结合，可以帮助自己随时了解电力供求信息，更精准有效地使用廉价能源。在美国，用户通过智能手机，可以远程调控家用电器，帮助业主节约成本。此道理也适用于工商用户。

电力互联网，能够帮助企业清晰了解能源即时价格的变动。对于电力质量有着特殊要求的电力用户，能源互联网服务商能够提供全套的能源管理解决方案。

二、"互联网＋"用户负荷调度管理

在大规模新能源并网形势下，电网调峰面临极大挑战，光伏、风能等新能源往往具有随机性、不稳定性及逆调峰的特征，仅靠调度发电侧资源来维持电力系统功率瞬时平衡已变得愈加困难。在此情况下，对功率平衡方程式中的用户侧进行统一调度成了必然的选择。"互联网＋负荷辅助调度/需求响应系统"是在充分尊重用户的用电意向及习惯的原则下，应用互联网技术及模式，对用户可控电器负荷实现细粒度监控和调控的系统。用户负荷参与发电调度的统一优化，一方面可减少弃风、弃光现象，使电网能够更多地消纳清洁能源，实现全社会的节能减排；另一方面可缓解电力系统调峰压力，使系统运行在更高效的状态区间，减少设备容量备用及网损，提升电网运行的经济性及稳定性。

电力用户希望能够实时了解自己的用电信息、电价信息等，并通过主动参与用电管理，降低本单位或家庭的用电费用，实现科学用电，提升生活品质，提高能源利用效率。同时，电网企业也希望通过引导用户用电负荷的转移，进行削峰填谷，降低对输配电设施容量的需求，从而减少对输配电设施的投入，提高企业的收益。另外，在新能源电力系统中，风能与太阳能是一种随机波动的、间歇性能源，大规模接入电网后将给电网带来持续性的随机扰动变量，必须依附可调度能源利用形式，以维持电网的安全稳定运行，充分发挥新能源发电的节能减排价值。

因此，"互联网＋用户负荷辅助调度服务系统"是基于云端海量数据的用户侧能源管理的低成本实现，它能够为电力企业以及电力用户提供良好的互动平台，一方面为电力企业的调度工作提供积极的决策方案；另一方面也为电力用户的安全合理用电提供了便捷可靠的手段，在智能用电、安全用电和智能家居领域有着广阔的应用前景。

"互联网＋用户负荷辅助调度服务系统"由工商业用户负荷采集终端（包括直接采集用户负荷的能效监测终端和信息集中与交换终端组成）、PC客户端（与工商业用户采集终端配合使用）和云端服务器几个重要部分组成。

其中，云终端可以采集用电器的用电量，实现用电器的远程开关控制。工商业用户负荷采集终端由直接采集用户负荷的能效监测终端和信息集中与交换终端组成，可以对工商业用户的用能信息进行多数据采集分析。用户客户端包括与云终端配合使用的 APP 客户端和与工商业用户采集终端配合使用的 PC 客户端，APP 客户端实现用户与云终端的信息交互，包括用电器实时控制、定时控制、委托控制、能耗分析展示、参数设置等。PC 客户端实现工商业电力用户与采集终端的信息交互。云端服务器是整个控制方案的核心部分，包括用户邮件及短信注册、数据处理、数据记录、汇总分析、控制命令下发、辅助电力调度等功能。

下面，对以上主要终端的各组成部分的研究内容分别进行描述。

（一）互联网＋负荷采集模式

工商业用户负荷采集终端包括能效监测终端和信息集中与交换终端组

成，前者直接采集工商业电力用户负荷的信息数据，后者将多个监测终端数据进行汇总，再上传服务器。

1. 能效监测终端

能效监测与需求响应终端主要研究内容包括：能效处理技术研究、三相电计量研究、需求响应机制研究、通信技术研究、安全技术研究。

2. 电量数据采集

电量采集主要测量电压、电流、有功功率、无功功率、功率因数、谐波等电参数。基于 PC 的数据采集，通过模块化硬件、应用软件和计算机的结合，进行测量。数据采集系统整合了信号、传感器、激励器、信号调理、数据采集设备和应用软件。

3. 非电量数据采集

非电量数据采集是主要测量热工参数，如温度、湿度、压力、流量、流速等参数的测量技术。

4. 存储数据模型

当前流行的数据库管理系统基本上都采用关系数据模型。关系模型已经成为数据库中数据模型事实上的标准。同时关系模型的描述能力比较强，效率高。关系模型数据库通常提供事务处理机制，这为涉及多条记录的自动化处理提供了解决方案。对不同的编程语言而言，表可以被看成数组、记录列表或者结构。表可以使用 B 树和哈希表进行索引，以应对高性能访问。

5. 数据的存储组织

存储组织包括数据表示和存储空间管理两个方面。数据表示是数据库中应用数据的物理存储的表现方式，它受到数据库系统所采取的存储模型的制约。存储空间组织是对存储设备可用存储空间的应用组织策略，它的目标有两个：高效利用存储空间和为快速的数据存取提供便利。

6. 三相电计量

无法实时、准确及有效地测量用电网络的各项参数，对电网的安全运行极为不利，而且会对用户用电设备的运行造成极为不利的影响，最重要的是造成电能的极大浪费。因此，监控三相电用电的电压、电流的有效值、有功功率、无功功率和功率因数、相角频率及电能等参数，对用电安全和减少用电浪费具有十分重要的意义。本项目包含的三相电计量模块即用于设计测量各相以及合相的有功功率、无功功率、视在功率、有功能量以及无功能量，同时还要求能测量各相电流、电压有效值、功率因数、相角、频率等参数。

为了提高电能计量的精度，减小谐波对电能计量的影响，国内外研究人员纷纷提出了许多不同的计量谐波电能的方法。基于谐波分析理论的电能计量方法是其中的主要思想。基于傅里叶变换的谐波电能计量是当今应用最为广泛的一种方法。它由离散傅里叶变换过渡到快速傅里叶变换，使用此方法测量谐波，精度较高，使用方便。

7. 业务模型和信息模型

对用户设备中的负荷设备、监控系统、控制装置、发电与储能设备分别进行研究，并从用电设备特性、可控和可调节性、设备的所有者等角度进行模型化设计。

8. 服务模式

服务模式是指对能效与需求响应终端的技术特性、典型应用、用户需求和已有模式深入分析的基础之上，设计基于能效与需求响应终端的服务模式。

9. 通信技术

通信接口的高效稳定、可扩展性、可兼容性是评判能效监测与需求响应终端效能的重要方面。选择与系统自身相适应的通信技术是系统的一个重要研究内容，目前主要存在两个不同的研究方向：一个是比较分析现有无线技术的特性，选择何种无线传感网的通信技术，另一个是针对能效监测与响应终端的应用环境，有线通信接口类型的选择及用能采集系统一体化路由协议的研究。

能效监测与需求响应终端的无线传感网络是集数据采集、数据处理、数据传输于一体的复杂网络，是系统通信的重要组成部分。组网方式、可靠性和抗干扰性是研究的主要内容。目前无线传感网可采用 WIA 和 Zigbee 等解决方案，无线方式具有移动性好、随时增加链路、安装和扩容方便等优点，但信号衰减、传输信道容易受到干扰和可靠性等方面是其不足。能效监测与需求响应终端可以根据自身应用的需要选择合适的无线传感网解决方案。

在工业有线通信网解决方案中，RS485总线、CAN总线、以太网是应用最为成熟与广泛的通信接口，在大数据传输、通信接口可扩展以及通信稳定性方面具有显著优势。其配套的通信协议诸如Modbus、CANopen、TCP/IP协议广泛应用在多种工业现场与通信设备中，具有广泛的接口兼容性。但采用何种通信协议及系统一体化路由协议仍须针对需求与响应终端的应用环境及其传输的数据量大小及传输频率而定。

10. 物理安全

物理安全主要是指安全芯片物理防护研究方向。安全芯片是一个可独立进行密钥生成、加解密的装置，内部拥有独立的处理器和存储单元，可存储密钥和特征数据，为电脑提供加密和安全认证服务。用安全芯片进行加密，密钥被存储在硬件中，被窃的数据无法解密，从而保护商业隐私和数据安全。根据安全芯片的原理，由于密码数据只能输出，而不能输入，这样加密和解密的运算在安全芯片内部完成，而只是将结果输出到上层，避免了密码被破解的机会。

11. 系统安全

系统安全是指在系统生命周期内应用系统安全工程和系统安全管理方法，辨识系统中的危险源，并采取有效的控制措施使其危险性最小，从而使系统在规定的性能、时间和成本范围内达到最佳的安全程度。系统安全是人们为解决复杂系统的安全性问题而开发、研究出来的安全理论、方法体系。系统安全一般可分为应用软件层的安全分析、操作系统层的安全分析、物理芯片层的安全分析。在各个层面均采取相应的安全措施，构建系统的网络信任体系及相应的安全基础设施，实现对基于信息技术、组网通信技术、数据采集技术的能效监测与需求响应系统中的人、设备和应用程序等一切实体的可信身份认证。

12. 信息集中与交换终端

能效信息集中与交换终端提供数据采集、转发、处理和存储、参数设置查询和记录、能效监测系统内部联网等功能。能效信息集中与交换终端利用有线通信方式和无线通信方式与企业子站及网省公司进行通信，利用有线通信方式、微功率无线通信方式与能效监测终端进行通信。主要研究内容包括：通信技术研究、基于采集数据处理研究、通信协议研究、底层数据终端设备配置、管理研究、信息安全技术研究、软件架构研究、软件应用、需求响应研究。

（二）互联网＋客户端模式

互联网＋手机客户端主要配合家用负荷采集终端即云终端使用，它是云终端的 APP 应用。而 PC 客户端主要配合工商业用户负荷采集终端使用。下面主要对它的设计概念、软件框架和处理流程进行说明。

1. 设计概念

客户端总体为 C/S 体系结构，客户端为多层体系结构。根据需求，建立以 C/S、多层体系为基础的系统架构。系统建立在多层体系架构上，以提供更好的灵活性和强大的扩展能力。多层体系对于本系统来说是三层结构，分别从视图层、业务逻辑层、业务实体层进行分配。

（1）视图层

主要是与用户交互的界面，响应用户的请求，会调用业务逻辑层的接口进行逻辑处理，根据结果以不同的形式展现给用户。

（2）业务逻辑层

主要完成实际的业务逻辑，包括对服务器的数据请求和对本地数据库的读取。

（3）业务实体层

本层包含对网关服务器的数据请求、数据解析；对平台服务器的数据请求、数据解析；数据库维护。

2. 软件框架

客户端主要完成功能有：对有功功率、电能、电流、电压等参数进行采集；本地通过按键实现开关控制、恢复出厂设置的功能；远程通过客户端实现实时和定时的开关功能。功能需求与模块的关系见表 6-1。

表 6－1　　　　　　　　　　需求模块信息表

编号	模块名称	功能需求描述
1	注册	邮箱注册，并需要邮箱激活账户；忘记密码，邮箱验证并重置密码
2	登录	用户名与密码，身份认证
3	控制	远程控制家电，实时查询电器状态；定时控制，包括查询添加和删除功能
4	数据	远程实时查询日、周、月、年的用电量
5	互动	能耗分析，柱状图显示
6	设置	设置包括以下功能： 网络设置：配置网络使插座与Wi-Fi连接，之后获取智能控制器MAC地址，添加智能控制器 相应设置：即时响应/延时响应 修改密码：修改账户密码 峰谷设置：显示所在地区的峰谷时段

其中，控制模块有三大功能。

（1）实时控制

实时控制页面即为智能控制器的开关，显示智能控制器状态，可对开关进行控制。

（2）定时控制

定时任务的添加，任务列表的显示与删除，定时任务成对存在，一开一关。

（3）闲置

闲置按钮的开启和关闭，意味着对智能控制器是否执行闲置，处于闲置状态时，智能控制器不能控制，所有定时任务失效。

另外，此界面显示用电数据：日用电量、周用电量、月用电量、总用电量和绿色风电五种数据，方便用户了解用电信息。

设置模块共有以下四个功能。

①网络设置。网络设置是对智能控制器的配置，使得智能控制器与路由

连接上，并获取智能控制器的 MAC 地址，并显示，点击 MAC 地址可对智能控制器进行添加。

②响应设置。响应设置主要是延时响应和即时响应两种，即时响应就是快速响应控制指令，延时响应是指根据设备的状态选择什么时候响应控制指令，比如关闭热水器。如果热水器正在烧水，此时发送关闭命令，就等待水烧开了以后再关闭。

③峰谷设置。根据用户选择的地区显示当前地区的峰谷时段，一般有高峰、平段和低谷时段，个别地区有尖峰等时段，用户可根据时段的电价不同选择何时（大功率电器如热水器）用电。以错开高峰，降低用户用电成本。

④修改密码。接口设计分为用户接口与外部接口，用户接口在界面设计上，应做到简单明了，易于操作，并且界面的布局应突出地显示重要以及出错信息；外部接口实现了系统与本地网关通过互联网的通信，通信协议为 HTTP1.1，数据格式采用 JSON 封装，Android 客户端统一采用标准 HTTP 的 POST 方法传递参数，字符串类型数据统一采用 UTF-8 编码。

3. 处理流程

用户在家庭内部（或外部）通过 Android 客户端使用 Android 客户端软件，根据用户选择的功能调用业务逻辑层相应的模块，业务逻辑层负责业务流程的组织，并调用业务实体层的模块，通过网关服务器接口（或平台服务器接口）同网关服务器（或平台服务器）进行信息交换。

（三）互联网+服务器模式

1. 软件框架

互联网+用户负荷辅助调度服务系统服务器主要包括以下几个模块：用户接口模块、消息推送模块、开关控制模块以及信息查询模块。

用户接口模块主要负责用户注册，用户登录以及用户相关信息修改。消息推送模块主要负责将服务端信息推送到用户手机或计算机上面。开关控制模块主要负责向终端发送开/关信号。信息查询模块主要负责向用户提供各个终端的开关状态信息、电量信息以及设备信息等。

2. 用户管理

用户信息维护：输入用户基本信息并保存到数据库中。

新增用户功能，新增时需填写下列项目：用户名、用户分类、姓名、电话、电子邮件、所在单位。

修改用户信息功能，允许对下列项目进行修改：用户分类、姓名、电话、电子邮件、所在单位。

删除用户信息功能：删除后，用户信息将从用户表中物理删除。

锁定/解锁用户功能：锁定后的用户将无法登录系统。

修改密码：输入原密码及新密码，原密码验证通过后将密码变更为新密码。

3. 安全保密设计

介绍系统采用的安全措施与手段，包括应用安全、数据安全、备份与恢复及其他情况。应用安全内容广泛，包括权限管理机制、身份认证等；数据安全包括关键数据的加密解密，传输安全等；数据的定期备份与故障恢复等；另外如有其他方面的安全保密设计，可根据系统实际情况进行说明。

4. 运行模块组合

用户管理。用户管理包括用户注册、密码修改、用户问题管理等功能，其中用户注册采用邮箱注册和手机注册两种注册方式。

设备管理。用户通过添加设备功能将插座和用户设备信息进行绑定，一个用户可绑定多个设备，每个设备对应一个终端，每次添加设备时，需要插座进入配置状态，添加设备时客户端将所连接的信息广播给进入配置状态的终端，终端接收到信息，自动连接主站，并上报 MAC 地址给主站，主站记录 MAC 到内存中，同时终端会上报 MAC 地址给客户端，客户端接收到 MAC 地址后，会调用主站接口判断终端是否被使用过，如果是被使用过，提示用户选择是否显示历史终端电量，客户端进入新增设备界面，并要求输入设备名称，选择设备类型，点击保存后，系统将用户、插座和设备信息进行关联，实现设备添加。

能耗分析。通过日用电量、周用电量、月用电量、年用电量、总用电量的展示和具体的折线趋势图对单个用电负荷进行能耗分析。

设备控制。实时控制由客户端发起,发送开关命令给主站,主站经过处理以后,找到相应的终端,给终端发送开关命令,终端执行开关。

系统管理。系统管理主要为系统管理员使用,内容包括系统用户管理、角色管理、菜单管理、权限管理、日志管理、参数管理以及系统消息管理等工作内容。

5. 系统维护设计

对于数据库的维护,软件提供数据库的备份和恢复功能,方便实现数据库的维护管理。同时,为便于系统的维护设计,系统充分考虑代码的规范性和可扩充性,运用设计模式的思想方法架构模块。

第三节 虚拟电厂需求分析与调度优化

一、基于需求侧响应的虚拟电厂自动优化调度系统

为使电压、电流的实时消耗量得到更好控制,实现电量信号的按需调度,设计基于需求侧响应的虚拟电厂自动优化调度系统。在总－分式供应电路的基础上实现虚拟电厂自动优化调度系统执行环境搭建,利用微电网指标建立完整的需求侧响应模型,再采用电信号优化调度条件系统软件执行环境搭建,从而完成虚拟电厂自动优化调度系统设计。实验结果表明,在需求侧响应模型的作用下,电压、电流两类电量信号的实时消耗量水平均得到有效控制,符合按需调度电信号参量的实际应用需求。

需求侧响应是电力系统中一系列需求响应行为的统称。对于并网模式、离网模式两种微电网结构来说,当电压输出量、电流输出量等电量信号的表现形态发生改变时,微电网组织中的电量负荷状态也会随之出现变化,此时为使主体电源的供电能力得到保证,必须借助一定的数学模型对电量信号之间的配比关系进行调节,而需求侧响应模型就是一种常用的优化调节方法。与其他应用方法相比,需求侧响应模型在筛选数据参量时所遵循的判别条件

更为宽泛,且随着电信号数据累积量的增大,参量指标之间的数值映射关系不会发生改变,既满足了各级连接主机对于电量信号的获取与应用需求,也实现了对微电网运行环境的合理保护。

虚拟电厂是一种特殊的协调型电源管理系统,可以在信息通信技术的支持下,对可控电量负荷与电量储能信号进行合理的聚合与优化协调处理。作为一个完善的电网运行体系,虚拟电厂能够满足各级接入用户对于传输电量信号的实时获取需求。在虚拟电厂环境中,随着电子运行时间的延长,电压、电流两类电量信号的实时消耗量会出现明显增大的变化趋势,此时电网主机对于电量信号的按需调度能力则会大幅下降。传统区块链调度系统虽然能够对传输电量信号进行准确地抓取与处理,但在电压与电流信号快速输出的情况下,其实时运行速度则会受到较强的抑制性影响。为避免上述情况的发生,引入需求侧响应模型,并以此为基础,设计一种新型的虚拟电厂自动优化调度系统,再通过对比实验的方式,验证该系统的实用性价值。

(一)虚拟电厂自动优化调度系统硬件设计

虚拟电厂自动优化调度系统的硬件执行环境由总－分式供应电路、电量变送器、光纤收发器三部分共同组成,具体设计方法如下。

1. 总－分式供应电路

虚拟电厂自动优化调度系统的总－分式供应电路负责与外接供电装置相连,可在电源回路的作用下,将已输入的交变电量信号调试成直流输出的形式,并能够借助电信号过渡回路、电压循环回路、电流循环回路等下级连接结构,将这些传输电量分配至既定硬件设备元件之中。

在实际应用过程中,各个回路组织的具体执行能力如下。

(1)电流循环回路

以 AFE 芯片作为核心搭建元件,可将芯片结构输出的电流信号暂时存储于 CPU 电板结构之中。当 A/D 转换器具备自主执行能力时,该元件与 CPU 电板之间会自发建立连接关系,一般来说,只有在电流输出量数值足够大的情况下,交变电流信号才会转变成直流输出信号。

(2) 电压循环回路

作为电信号过渡回路的下级附属结构，可以借助微处理器结构，更改 R4 电阻两端的电压负载数值，从而实现对电压传输信号的按需聚合处理。

(3) 电量输出总电路

该结构起到承上启下的连接作用，可在承接外接装置所输出电量信号的同时，将这些电流与电压数据按需分配至下级电阻元件之中。

2. 电量变送器

电量变送器是一种模态电子运输结构，可以按照既定数值标准，对电压、电流等电量信号进行传输，且由于总－分式供应电路的存在，电信号在传输过程中并不会出现明显的消耗，这也是虚拟电厂环境中，任何电子元件结构都具备独立运行能力的主要原因。电量变送器结构连接于总－分式供应电路与光纤收发器元件之间，能够在整合传输电量信号的同时，更改既定电阻设备两端的电量负载情况，一方面为电压、电流两类电信号参量提供更加稳定的传输环境，另一方面也可以避免应用电子量出现过度累积的情况。为使虚拟电厂具有较强的电信号收发与转存处理能力，电量变送器结构必须时刻与总－分式供应电路保持紧密的连接状态。

3. 光纤收发器

光纤收发器是一种新型的微电网转换结构，能够将短距离交变电信号直接转化为长距离直流电信号，也被称为电量信号转换器。虚拟电厂自动优化调度系统的光纤收发器结构由母机、子机两部分共同组成。其中，母机包含光纤线缆、高压接线两类设备结构，前者与虚拟电厂的电量信号输出端口直接相连，能够按照光纤收发器元件对电压与电流参量的消耗需求，对电量信号的实际传输速率进行控制；后者则与电量变送器结构直接相连，可将已集结成束状的电量信号反馈至下级硬件应用设备之中。子机包含光纤线缆、低压接线两类设备结构，前者与母机光纤接线的执行作用相同；后者则直接与虚拟电厂的电信号调度主机相连，可在不违背需求侧响应模型条件的情况下，将直流电量信号传输回核心控制主机中，以供其对相关硬件应用设备进行更好地调控与部署。除所属连接位置不同外，收发器元件母机端与子机端光纤线缆结构的物理执行能力完全相同。

（二）虚拟电厂自动优化调度系统软件设计

在各级硬件设备结构的支持下，按照微电网指标提取、需求侧响应模型建立的处理流程，确定电信号优化调度条件的可行性，从而完成调度系统的软件执行环境搭建，两相结合，实现基于需求侧响应的虚拟电厂自动优化调度系统的顺利应用。

1. 微电网指标

在虚拟电厂自动优化调度系统中，微电网指标选取是需求侧响应模型建立的必要执行环节，可在已知各级电量信号标度特征值的前提下，计算待选取电量数据之间的数值映射关系。设 $\tilde{\xi}$ 表示虚拟电厂微电网回路中的电信号传输系数，X_1、X_2、$\cdots$、X_n 表示 n 个不同的电量标记系数，V_1、V_2、$\cdots$、V_n 表示 n 个不同的电信号感应向量，n 表示电量信号在微电网回路中的循环传输次数。联立上述物理量，可将电量信号标度特征值 c_1、c_2、$\cdots$、c_n 分别表示为：

$$\begin{aligned} c_1 &= \tilde{\xi}\sqrt{x_1 + v_1} \\ c_2 &= \tilde{\xi}\sqrt{x_2 + v_2} \\ &\cdots \\ c_n &= \tilde{\xi}\sqrt{x_n + v_n} \end{aligned} \quad (6-1)$$

将虚拟电厂自动优化调度系统的微电网指标选取表达式定义为：

$$\dot{z} = \frac{\omega_{\max} - \omega_{\min}}{\frac{|\psi_\sigma \times b_\sigma| - |\psi_v \times b_v|}{c_1 + c_2 + \cdots + c_n}}^{\frac{2}{n-1}} \quad (6-2)$$

式中 σ、v——表示两个不同的电信号需求期望值；

ψ_σ——表示 σ 期望条件下的电信号响应系数；

ψ_v——表示 v 期望条件下的电信号响应系数；

b_σ——表示与 σ 期望条件相关的电信号响应特征；

b_v——表示与 v 期望条件相关的电信号响应特征；

$\omega_{\max}$——表示最大的电量调度权限值；

$\omega_{\min}$——表示最小的电量调度权限值。

微电网指标作为需求侧响应模型的建立基础,其计算取值结果将直接影响系统主机对于虚拟电厂电量传输信号的调度与处理能力。

2. 需求侧响应模型

对于虚拟电厂自动优化调度系统而言,需求侧响应模型能够辅助主机元件对传输电量信号进行准确判别,一般来说,与模型判别指标相关的物理数值范围区间越大,则表示主机元件对于传输电量信号的准确判别能力越强;反之,若与模型判别指标相关的物理数值范围区间相对较小,则表示主机元件对于传输电量信号的准确判别能力较弱。$\overset{\leftarrow}{k}$表示电量信号判别系数极小值,$\vec{k}$表示电量信号判别系数极大值,在虚拟电厂自动优化调度系统中,$\overset{\leftarrow}{k}$指标、$\vec{k}$指标的定义判别条件始终满足式(6-3)。

$$\overset{\leftarrow}{k} = \sum_{s=1}^{+} d_s \times \overline{d}$$
$$\vec{k} = \frac{|\Delta D|^2}{\sum_{s=1}^{+} d_s \times \overline{d}} \quad (6-3)$$

式中,s表示电量信号的载荷容量系数,在实际计算过程中,s指标的最小取值结果只能等于自然数"1",d表示s载荷容量系数下的电信号优化特征值,$\overline{d}$表示电信号优化特征的均值结果,$\triangle D$表示单位时间内虚拟电厂主机所能承担的电信号输出量数值。

在公式(6-3)的基础上,β表示电量信号在单位传输时间内的响应频率,I表示虚拟电厂的额定电流输出值,$\overline{R}$表示已连接电阻的平均阻值,f表示电信号传输频率周期,H与虚拟电厂微电网环境中的电量调度特征值。联立上述物理量,可将虚拟电厂自动优化调度系统的需求侧响应模型表示为:

$$F = \frac{\frac{1}{\beta} \int_{\overset{\leftarrow}{k}}^{\vec{k}} I^2 \cdot \overline{R}}{z \cdot f \cdot |H|} \quad (6-4)$$

在需求侧响应模型的作用下，随着电信号传输能力的不断增强，虚拟电厂微电网组织对于电量数据的呈现能力也在逐渐增强。

（三）电信号优化调度条件

电信号优化调度条件建立是虚拟电厂自动优化调度系统设计的末尾处理环节，可以在已知需求侧响应模型作用能力的基础上，确定相邻电量信号数据之间的传输映射关系，一方面保障了微电网结构的应用稳定性，另一方面也充分激发了已选取微电网指标的共享与调度价值。在不考虑其他干扰条件的情况下，电信号优化调度条件的建立，受到电量数据传输权限的直接影响，其具体计算表达式如下。

$$q = \frac{F}{\sqrt{P \cdot \bar{E} \dfrac{t_1 - t_2}{y_{t_1}{}^2 - y_{t_2}{}^2}}} \quad (6-5)$$

式中 P ——表示标准的电功率计算取值；

$\bar{E}$ ——表示虚拟电厂微电网环境中的电场强度均值；

t_1、t_2 ——表示两个随机选取的电信号调度标记系数；

y_{t_1} ——表示与 t_1 系数匹配的电量优化标度值；

y_{t_2} ——表示与 t_2 系数匹配的电量优化标度值。

$g_{\min}$ 表示电量调试指标的最小取值结果，$g_{\max}$ 表示电量调试指标的最大取值结果，β 表示虚拟电厂微电网环境中的电信号响应频度条件。在上述物理量的支持下，联立公式（6-5），可将电信号优化调度条件表示为：

$$L = \frac{\ln g_{\min}/g_{\max}}{(\beta-1)^2 \times q} \quad (6-6)$$

在电信号传输量水平保持稳定的情况下，优化调度条件表达式可以直接影响系统主机的实际应用能力，一般来说，由于需求侧响应模型的存在，任何电量数据都不会对相关硬件应用设备的运行能力造成影响，这也是新型虚拟电厂自动优化调度系统具有较强可行性价值的主要原因。

二、基于机会约束规划的虚拟电厂智能调度系统优化

为进一步提高虚拟电厂低碳运行调度效率，采用机会约束规划方法优化

虚拟电厂用电调度,在目标函数上增加了一个惩罚函数来处理约束问题,统一目标函数和约束问题,以提高调度效率。基于机会约束规划的优化调度,使虚拟电厂最大用电功率降低至 20 kW,最大用电功率阶段降至 20:00～22:00,较预测用电负荷阶段减少 2 个小时,可满足虚拟电厂低碳运行调度实际使用。

随着社会环保和能源安全意识的提高,人们逐渐意识到传统电网的固有缺陷。而虚拟电厂技术为我国建设绿色、安全和可持续的供电系统提供了创新解决方案。且虚拟电厂可实现自动、智能控制的用电负荷,将不可控的用电负荷转化为用电需求响应,实现电源侧的多能互补和负荷侧的灵活互动。目前已有学者提出多种虚拟电厂低碳运行调度方法,如建立两层优化模型来解决虚拟电厂的运行调度优化问题。提出一种动态聚类算法,该算法可以将储能系统分配给不同的虚拟发电厂以减少用电负荷损失。利用神经网络自学习方法调度虚拟电厂系统的电力输出,以提高电网合理分配设备用电,减少电力消耗。但上述方法计算复杂度高,仍无法提高运行调度效率。

基于此,利用机会约束规划算法给出相关运行调度智能决策。以虚拟电厂当天的用电需求为依据,应用虚拟电厂的低碳运营调度算法,对其进行最优调度计算,综合考虑电网电压合理分配和效益,形成次日的用电方案,以提高虚拟电厂低碳运行调度效率。虚拟电厂低碳运行调度管理架构如下:

(一) 实施架构设计

根据历史数据进行运行调度预测。通过优化算法获得第 2 天的虚拟电厂用电负荷计划。实时控制和应急响应对虚拟电厂低碳运行计划进行调整。实施架构分为 3 个层次:预测层、优化调度层和实时控制层。

1. 预测层

预测层的功能主要分为两部分:一是根据用电数据预测虚拟电厂分布式电源输出;二是通过虚拟电厂用电历史数据,记录和学习用电习惯。

2. 优化调度层

采用基于机会约束的规划算法,实现相应的虚拟电厂用电调度的智能化决策。以虚拟电厂当天的用电需求为依据,运用虚拟电厂低碳运行调度算法，对其进行最优调度计算，综合考虑电网电压合理分配和效益，形成次日的用电方案。

3. 实时控制层

实时控制层是上述控制策略的实施。对于电网公司的紧急需求响应，以及用户意外用电事件，采用即时重新优化策略，重新规划当天运行调度。同时，为防止突发事件给优化调度系统带来过载，提出虚拟电厂的行为学习机制，以提高虚拟电厂低碳运行调度的准确性。

（二）运行调度目标函数

研究考虑了虚拟电厂运行调度期间的价格型需求响应和激励型需求响应。其中，日常调度形式考虑价格型需求响应，采用分时电价形式。日常应急需求响应采用激励型补偿机制，使用削峰或停电功率补偿。而虚拟电厂低碳运行调度管理优化是通过对电网设备进行能源规划，实现经济性和用电合理分配的协调。虚拟电厂用电日负荷规划的目标函数如下：

$$\min f = \sum_{t=1}^{T} \omega_1 E_t + \omega_2 C_t \tag{6-7}$$

式中 E_t 和 C_t ——分别为虚拟电厂用电经济成本和低碳运行调度满意度成本；

ω_1 和 ω_2 分别为常数系数和经济成本与运行调度成本之间的权重系数，即 $\omega_1 + \omega_2 = 1$。

虚拟电厂低碳运行调度系统能够在每一次优化周期启动之前设定下一次优化周期的运行方式，从而实现一种更为灵活、交互的智能化用电调度模式。

由于分布式电源安装在不同电厂中，因此，在进行经济分析时，必须将该负载剔除，所讨论的定价方式为分时定价，经济成本表示：

$$E_t = Q_t \times p_{\text{cost},t} \tag{6-8}$$

$$Q_t = \sum_{i=1}^{N} e_i x_{i,t} - Q_{D|G,t} \tag{6-9}$$

$$p_{\text{cost},t} = \overline{p_{\text{TOU}},p_{\text{incentive},t}} \tag{6-10}$$

式中 Q_t ——为不同电厂在 t 时期的购电量，当可再生能源发电量大于所需电量时（Q_t 0）；

e_t——为设备 i 消耗的电量；

x_t——为设备在 t 时期的状态，当设备关闭时，$x_{i,t}=0$；

$p_{\text{cost},t}$——为电厂在 t 时期的购电成本；

$p_{\text{TOU},t}$——表示 t 时间的分时电价，通常包括高峰、低谷和各种类型；

$\overline{p}_{\text{incentive},t}$——是电网公司在 t 时间实施紧急需求响应的平均激励补偿价格。

用户满意度成本表达式设为：

$$C_t = \mu_1 \cdot C_{\text{tra}}[t] + \mu_2 \cdot C_{\text{mod}}[t] + \mu_3 \cdot C_{\text{ind}}[t] \qquad (6-11)$$

式中：$\mu_1 + \mu_2 + \mu_3 = 1$，$\mu_1$、$\mu_2$ 和 μ_3 分别为电网设备运行时间变化、运行模式变化和电网电压合理分配指标完成情况的不同权重系数，虚拟电厂可根据不同电网用电习惯和偏好进行设置。由于不同电网用电时间的变化，上述各种负荷控制方法都会造成电网设备工作状态与理想状态之间的偏差。因此，电网设备实际工作状态与理想工作状态的偏差程度可以用来衡量需求响应方案对虚拟电厂运行调度满意度。则运行调度的满意度表达式如下。

$$Ctra[t] = \begin{matrix} 1 - \exp\left(-\theta_n^1 (t - t_{\text{ideal}})^2\right), & \text{if } t \leq t_{\text{ideal}} \\ 1 - \exp\left(-\theta_n^2 (t - t_{\text{ideal}})^2\right), & \text{if } t > t_{\text{ideal}} \end{matrix} \qquad (6-12)$$

式中：θ_n^1 和 θ_n^2 为常系数，测量电网设备延迟或早期使用设备对虚拟电厂运行调度造成的损害程度。对于连续性指标，用当前指标与相应指标的偏差来衡量相应指标的上、下限，上限为 $\theta_{\max}$，下限为 $\theta_{\min}$。在运行计划的最优计算中，若无交叉，就被视为对虚拟电厂的调度没有成功，则需要采用与应急响应相同的计算方法。电力设备指数为 0，则当前任务对应的指标值为 0，在运行调度优化问题中，满意度表达式为：

$$Cind[t] = \begin{matrix} 1 - \exp\left(\theta - \theta_{\text{ideal}}\right)^2, & \text{if } \theta < \theta_{\text{ideal}} - \Delta\theta \\ 1 - \exp\left(-\eta_n^2 (\theta - \theta_{\text{ideal}})^2\right), & \text{if } \theta > \theta_{\text{ideal}} + \Delta\theta \end{matrix} \qquad (6-13)$$

对于时间受限的负载特性，一方面认为只要在确定的时间间隔内完成任务，虚拟电厂运行调度满意度就不会受损。反之，如果运行调度工作没有按时完成,此时就视为非机会约束,满意度成本类型为无穷大。

(三)基于机会约束规划的模型构建

多个运行调度的随机变量,会进一步导致原来的调度规划问题变成了不确定规划问题。而机会约束规划在约束中包含随机变量,且会考虑不确定因素,使运行调度决策在一定程度上满足约束,进而提高虚拟电厂低碳运行调度效率。将 $x_t = \{x_{1,t}, x_{2,t}, \cdots, x_{N,t}\}$ 设置为 ξ_t 的决策向量,为 t 周期内不可预测的随机变量。为了最小化运行调度的目标函数,给出了具有随机变量的机会约束规划模型,如下所示:

$$\min f\{x_t, \zeta_t\} \\ s.t. P_r\{g_t(x_t, \zeta_t) \leq 0, t=1, 2, \cdots, T\} \geq \alpha_j \tag{6-14}$$

式中:$P_r\{\cdot\}$ 为事件 $\{\cdot\}$ 的概率;

α_j 是预先给出的约束的置信水平。在机会约束下,当只有 $g_t(x_t, \zeta_t) \leq 0, t=1, 2, \cdots, T\}$ 时,且事件的概率值不小于 α_j 时,决策向量 x 为可行解。对于非弹性约束,取 $\alpha_j = 1$。

目标函数中的不确定约束条件包括可再生能源发电量和购电成本。考虑到最优调度模型中存在大量的约束问题,为了统一目标函数和约束问题,本文在目标函数上增加了一个惩罚函数来处理约束问题。本文设计的惩罚函数:

$$\varphi_1(i) = \begin{cases} 1, & P_r\{q_{i,\min} \leq q_{i,t} \leq q_{i,\max}, \forall t \in [t_{i,\text{start}}, t_{i,\text{end}}]\} < \alpha_i \\ 0, & P_r\{q_{i,\min} \leq q_{i,t} \leq q_{i,\max}, \forall t \in [t_{i,\text{start}}, t_{i,\text{end}}]\} \geq \alpha_i \end{cases} \tag{6-15}$$

$$\varphi_2(i) = \begin{cases} 1, & P_r\{Q_{i,\min} \leq \sum_{t \in [t_i stat?, t_i]} q_{i,t}\} < \alpha_i \\ 0, & P_r\{q_{i,\min} \leq \sum_{t \in [t_i stat, t_i]} q_{i,t}\} \geq \alpha_i \end{cases} \tag{6-16}$$

在设计惩罚函数时,考虑在不同置信水平下违反约束时,惩罚函数值为1,可以保证每个约束的惩罚程度在目标函数中是一致的。通过上述惩罚函数的设计,将虚拟电厂低碳运行调度管理问题转化为无约束优化问题。

$$\min f\ x_t,\ \zeta_t\ +\lambda\sum_{i=1}^{N}\varphi_1(i)+\varphi_2(i) \qquad (6-17)$$

式中：λ为惩罚系数。同时将虚拟电厂低碳运行调度问题转化为一个易于解决的无约束非线性整数规划问题。

第四节 电力人才队伍优化与交流平台建设

一、基于新能源发展规划的电力人才培养改革

伴随我国现代化社会的快速发展，有效地推动了电力行业的稳定发展。在这个过程中，需要有大量的高素质人才进行支撑。因此，要求相关工作人员能够充分结合目前的新能源发展规划，选择更加合适的人才培养策略。只有充分认识到人才培养工作中存在的问题以及不足，找到相关的优化策略，才能满足实际需求。

（一）新能源发电发展规划

1. 积极发展风力发电

截至目前，在新能源的发展过程中，我国已经有了比较成熟的风力发电技术。因此，风力发电已经成为新能源发电的重点工程，充分结合陆地和海上的实际情况，开展风电基地建设工作。同时，可以分散利用内陆的风能资源，借助丘陵、河谷等风力资源，建立小型风电基地。同时还要将海上资源的优势充分发挥出来，促进海上风力发电技术的发展和装备的进步。在部分沿海城市开展海上风力发电建设工作，能够有效发展我国的风电技术，提高技术的先进水平。

2. 加强建设太阳能发电

想要有效地进行太阳能发电项目建设工作，就要注重进行集中开发，进行高压输送和分散开发。对于西藏和青海这些太阳能相对来说丰富的地方，电力企业可以将大型的并网太阳能光伏电站建设在这里。将太阳能光伏发电以及分散供电的特点充分发挥出来，具有十分重要的意义和作用。

3. 开展生物能发电

一些农林产区发展比较好的地方，在发电的过程中可以使用农林生物来进行，燃烧农作物实现发电的需求。除此之外，还有部分地区的人员分布相对来说比较密集，产生的垃圾也比较多。在这些地区，就可以通过焚烧垃圾的方式进行发电。西部地区的人口相对来说比较少，在进行发电的过程中可以通过垃圾填埋处理的沼气进行发电。

4. 地热能以及海洋能试点发展

截至目前，我国部分地区已经开展地热能和海洋能发电。但是由于受到多方因素以及地理环境的影响，导致很难进行大面积的开发和利用，只能在部分地区进行试点研究。

（二）现阶段电力人才的主要特点

1. 综合素质高

目前，我国的教育水平进入全新的发展阶段，并且取得了比较好的效果，在开展人才培养的过程中，能够满足电力企业和社会各界的实际需求。不仅具有较高的专业技能和综合素质，同时也具备一定的道德观念和法律意识。这些人才能够更好地接受新观念、新理论以及新技术，具有较强的理解能力和思维能力，可以紧跟时代发展的步伐，学习先进的文化知识。因此，通过培养这些电力人才，不仅能够提高企业发展的动力，也能够创造更大的经济效益，将电力企业的创新性和竞争力充分提升上来，真正实现企业与时代相融合。

2. 观念意识新

随着时代的不断发展，人们的观念也在逐渐转变。电力企业作为人们生产和生活必不可少的内容，已经有越来越多的人才愿意投入这个行业中。他们能够将自己的专业才能充分地发挥，具有较强的责任意识。因此，电力企业要注重加大投入开展人才培养，提高人才的专业能力，增强他们的综合素质，让员工得到全面的发展。在电力企业的发展过程中，还要有效发挥人才的优势以及专业性，让电力企业和行业得到进一步的发展。

3. 具有较强的工作积极性

在电力企业的实际发展过程中，很多老员工虽然具备较为丰富的经验和资历，但是在工作和发展的过程中经常会出现过于保守、干劲不足的问题。因此，电力企业要注重人才培养工作，提高大家的工作积极性，才能开展更加科学规范的电力企业管理工作，为电力企业创造更多的价值。电力企业人才认真完成上级安排的任务，在这个过程中不断地锻炼自己的能力，承担属于自己的责任和使命，将新时代人才的担当和价值充分地予以体现。

4. 综合素质较高

在电力市场从事电力工作，不仅需要掌握大量的电力专业知识，而且与客户之间的交流和沟通也至关重要。另外，还会涉及一些行政法律的相关问题，对处理日常事务能力的要求也比较高。例如，在电力市场销售前期工作中，需要与客户进行频繁沟通，这一环节工作的成效关乎是否可以售出电力。在电力项目中，不仅要求电力销售人员掌握电力知识，同时还要具有较高的综合素养。

（三）电力企业加强青年人才培养的重要意义

一直以来，科教兴国、人才强国是我国的重要发展思想，社会的发展对人才支持的要求较高。因此，电力企业应该积极贯彻党的思想，并且依据自身实际情况，为青年人才制订科学的培养计划。同时还要意识到一点，即实践是检验真理的唯一标准，在恰当的时机应该指导学生参与实践锻炼，积极总结成功经验，并在此基础上融入现代化方式方法。因此，企业应该为青年人才提供实践机会，使其在参与实践的过程中提升个人能力，并且将其所学知识用到工作中，为企业发展奠定基础。

目前，我国的电力行业正处于蓬勃发展的状态，对于人力资源和物力资源的要求也在逐渐提高。人才是发展中的重要资源，对于经济发展和社会进步都有十分重要的意义。首先，电力企业在实际的发展过程中要充分结合国家发展的需求，落实各项规章以及政策，才能制订更加科学、合理的人才培养计划。其次，不断总结电力企业在以往人才培养中的经验，融入现代化发展理念，对人才培养方法进行不断的优化。开展人才培养的主要目的是为电力企业的发展服务，那么就要注重为他们输送电力行业的新理论以及新技术，积极开展实践锻炼。组织座谈会以及交流会等形式，引导人才之间开展交流。只有开展全方位的培养模式，才能将人才的个人能力充分提升，真正满足岗位的实际需求，促进电力人才的全面发展，提升企业的经济效益。

（四）基于新能源发展规划培养电力人才的方法

1. 建立人才成长通道

相关管理人员想要真正促进电力企业的进一步发展，就要积极地建设人才成长通道，将技能型人才分成3个等级，提升人才培养的质量。为他们设置相应的奖励，将员工的工作积极性，让他们在工作中更加投入。

2. 健全人才开发与培养机制

在新能源的发展规划背景下，对于新型人才的要求也在逐渐地提高。因此，电力企业要不断增加人才培养费用，聘请专业人员为他们讲解相应的知识，将他们的思想认识充分提升上来，同时让整体的技能水平得到有效的提高。鼓励人才开展实践锻炼，为他们设置相应的奖励制度，将工作人员的积极性提升上来。不断地激发他们的工作热情，让他们能够在工作中全身心投入，促进电力企业的进一步发展。

3. 加大对技能型人才的创新性培养

目前，我国的经济得到了进一步发展，电力企业的发展也十分理想。在信息化时代背景下，想要满足新能源发展规划的要求，在开展人才培养的过程中就要注重引进先进理念和技术，才能促进电力企业的智能化和信息化发展。在电力企业的实际发展过程中，需要运用的新技术也越来越多。因此，在电力企业的实际发展过程中，对于人才的要求在不断提高，不仅要掌握相关知识，同时还要注重创新，从而真正满足行业发展的实际需求。

4. 建立人才培训的激励机制

在开展电力企业人才培养工作的过程中，想要对最终的培训质量进行充分的保证，就要在培养的过程中建立激励机制。充分发扬自我成长精神，提高员工的积极性。在电力行业的发展过程中，技术更新速度相对来说比较快，但是和国外的发展速度相比仍旧存在一定的差距。为了能够真正实现发展的目的，就要将人才的时效性充分提升上来。在进行培训的过程中，对员工进行积极的奖励，包括物质奖励和精神奖励，提升员工的工作积极性，实现自我能力提升，不断地增强培训效果。

5. 做好人才职业发展规划

在新能源的发展规划过程中，电力人才占据十分重要的地位。电力企业本身是密集型和技术型行业，在实际的运行过程中，要求电力人才本身具备较好的思想素质和综合实力，充分发挥电力人才对于电力企业发展的促进作用。一般来说，在电力企业中主要分为三个类型的岗位，即技术、管理和工勤。在开展电力人才培训工作的过程中，要鼓励员工开展自我规划，将他们的工作积极性和优势充分的发挥，促进企业的进一步发展。

6. 采取多元化评价方式

在实际的电力企业发展过程中，要求相关电力人才必须具备德行。相关管理人员在运用和评价员工的过程中，要采用多样化的评价方式。选择考核和评审形式，同时还可以观察他们的岗位操作，与他们进行面对面沟通，积极开展心理测试，对整体评价体系的准确性和有效性进行充分保证，确保整个评价过程的公正公开，提高员工的综合素质。

7. 加强评价过程的透明程度

电力企业在开展人才评价的过程中，要对整个过程的透明度进行充分保证。一旦发现相关人才存在任何的问题，都要及时进行优化。应该在大家的监督下开展人才评价工作，接受电力企业全体员工的共同讨论和分析。只有这样，才能更好地挖掘在发展过程中存在的问题和不足，才能让整个过程更加公开透明。

二、全梯度人才库助力电力人才队伍建设

以新能源为核心的新一轮能源变革正在全球兴起，为适应新能源的广泛开发利用，电网企业亟须转型。企业发展转型需要一支素质优良的人才队伍作保障，这就要求企业创新经营管理模式，以人才强企为导向，加快构建一套灵活高效的人才培养体系，培养造就与企业战略落地相适应的人才队伍，

为建设新型电力系统提供强有力的人才支撑。

（一）全梯度人才库建设的主要思路

全梯度人才库的内涵：以建设结构合理、技术精湛、能力突出、作风过硬的一流人才队伍为总体目标，通过健全人才培养管理体系，精准搭建三类人才标准模型，有序规划员工学习发展路径，建立健全有梯次的人才成长通道，加快构建全梯度人才队伍"头雁引领、雁阵齐飞"的雁阵格局。

1. 分类分层，构建人才培育矩阵

基于人才职业生涯发展周期理论并结合企业人才发展通道专业分类，构建企业全梯度分类分阶人才培育矩阵。"分类"即科技研发类、生产技能类和专业管理类，"分阶"即领军级、骨干级、储备级。

2. 精准施策，细化人才培养举措

依托人才库建设，建立全梯度人才分专业、类别、梯次的动态培养模式，以在库人才为培养主体，通过建模型、搭体系、画路径和强考评，建立规范、动态、开放、联动的人才档案数据库，实现人才培养能力模型化、培育体系化、发展导航化。

3. 以始为终，确定人才培养方向

制定公开透明的"基础＋业绩"人才进出库标准，明确以能力素质模型为基础的人才培养标准，按"强基""精业""传承"三阶段规划人才培养全景图，以全梯度人才长期持续发展和阶梯式成长为路径，清晰、生动地让各级人才清楚自己在每个阶段"为何学、学什么、如何学"，充分挖掘人才潜能。

（二）全梯度人才库建设的具体做法

1. 搭建"能力－任务"模型，精准绘制人才画像

一是明晰能力模块及任务场景，构建"能力－任务"模型。按照人才梯队模型要点，构建企业全要素"四维"能力素质模型，从组织层面、岗位层面和个人需求层面梳理人才素质要求，其具体框架为"4E能力素质模型"（"4E"是指个人效能、团队效能、组织效能、专业效能四个维度），既分析员工的综合能力素质，也分析员工面对的典型任务和关键挑战。

二是确定人才分级标准与指标，明确各级人才能力标准。按照员工自评、关键事件梳理与行为事件访谈相结合的方式，编制能力素质测评题库辞典，通过"内容＋程度"对各级人才能力标准进行区分，并分别对领军级、骨干级和储备级人才共64项能力素质进行了定义和行为描述，为人才评价、测评、培养提供参考。

2. 建立"U"型人才库管理机制，精准甄选高素质人才

一是设计人才在库方案，明确人才出入库选拔标准。将全梯度人才管理分为"筛选入库—在库管理—出库管理"三个阶段，根据全梯度分阶人才定位和分类，设计选拔入库标准，注重"能力＋贡献"的评价导向，从业绩绩效、专业指标、获奖成果等六个维度进行选拔评价。针对在库人才，按照规定其在库期间，如有违反国家法律法规和企业员工奖惩规定、供电服务奖惩规定、安全工作奖惩规定的将予以退出处理。明确储备人才在库满3年自动出库或晋升上一级人才库，保证在库人才结构与数量的动态平衡。

二是严格人才选拔流程，三方协同确保人才质量。人才选拔一改由人资部门统抓统管的模式，采取"人资部＋专业部门＋用人单位"三方协同选拔、协同培养、协同管理的模式，人资部负责牵头组织各类各级人才队伍建设工作，专业部门负责组建专家评选专业委员会开展专业评审工作，用人单位负责落实上级单位人才培养使用工作及统筹本单位人才队伍建设工作。

3. 明确学习发展角色定位，构建"TAT"人才培育模式

全梯度人才培养模式依据"7－2－1"学习法则（员工的学习有他人学习获得，有10%依靠传统课堂面授获得），创新采用"培训、实践、转化"的TAT全角色培养模式。在库人才要充当学习者、实践者和传播者三种角色。作为学习者，在库人才需要参加各种理论知识的学习，增加理论知识储备；作为实践者，主要通过参与挑战性任务、重要项目、轮岗和上挂下派交流实践等，提高专业实践能力；作为传播者，主要通过经验分享、高校研讨、辅导与教练他人，提高知识业务转化成经验方法后的传授能力。

4. 加强人才发展"导航"服务，全过程指引人才成长

一是绘制学习路径图，实现人才学习标准化模块化。基于企业战略人才

发展需求和 TAT 人才培养模式的基本要素，将学习路径导航等级分成Ⅰ级、Ⅱ级、Ⅲ级，分别对应储备人才、骨干人才和领军人才必须掌握的知识技能、必须完成的实践任务、必须形成的成果转化，进行进阶式能力素质模块培养，最终形成企业人才全角色培养、全周期发展的学习地图。

二是绘制成长"导航图"，促进人才规划系统化数智化。积极推进员工系统化职业生涯管理，绘制人才职业发展成长三通道"导航图"和职业资格晋升"路线图"，清晰地为每一位在库人才指引相应时期的成长方向和目标，明确各通道各层级晋级的激励内容，让员工直观全面地看到自己的成长阶段，精准定位能力短板，明确指引提升方向。

5. 建立人才全过程评价机制，长期跟踪人才学习状态

全过程人才评价是基于 TAT 培育模式中三角色完成情况，对各类各级人才在培训过程、实践过程、转化过程的表现及成果进行评价，并对人才库中所有人才建立个人积分管理档案，逐渐实现人才库积分排名结果与企业人才选拔、双优评定、岗位调动、薪酬调整等的联动，形成人才公平、公正、公开的竞争氛围和"赛马"机制。

全梯度人才库建设在电力企业发展转型中有着较高的应用价值。通过创新全要素、全周期、全角色、全过程、全梯队人才培养长效机制，最终形成人才培养"人才集群、专业协同、动力内生"的动态管理模式，最大限度地激发各类各级人才潜能，充分体现全梯度人才库在电力人才队伍建设方面的效能。

参考文献

[1] 李培强，李欣然. 电力系统基础［M］. 北京：机械工业出版社，2024.02.

[2] 鲁飞. 新型电力系统理论及实践［M］. 西安：西安电子科学技术大学出版社，2024.01.

[3] 李庚银. 电力系统分析基础［M］. 北京：机械工业出版社，2024.01.

[4] 贺徙. 面向新型电力系统的储能与电力市场［M］. 北京：机械工业出版社，2024.05.

[5] 曾博，张硕，王良友. 行为驱动的电力能源系统需求侧灵活性建模与优化［M］. 北京：科学出版社，2024.06.

[6] 邹仕富，梁倩云. RPA技术在电力行业中的应用［M］. 成都：四川大学出版社，2022.10.

[7] 袁强，张晓云，秦界. 人工智能技术基础及应用［M］. 郑州：黄河水利出版社，2022.01.

[8] 赵喜云，李鹏. 电能计量［M］. 长沙：湖南科学技术出版社，2022.03.

[9] 王海青，乔弘，王海红. 电力工程建设与智能电网［M］. 汕头：汕头大学出版社，2022.04.

[10] 周元一，范次猛. 高职高专机电类专业系列教材电机与电气控制 第2版［M］. 北京：机械工业出版社，2022.09.

[11] 张荣华. 供电所管理的多维度探究［M］. 沈阳：辽宁科学技术出

版社，2022.10.

[12] 吴忠军. 电力营销基础管理［M］. 北京：中国质检出版社，2021.06.

[13] 汪海涛. 电力企业大数据分析挖掘应用［M］. 广州中山大学出版社，2021.05.

[14] 王莉芳，巨健，彭周. 市场化改革背景下的电力服务体系创新［M］. 北京：机械工业出版社，2021.01.

[15] 孙静，李鸥. 全国电力行业岗位胜任力单元制培训教材抄表核算收费［M］. 北京：中国建材工业出版社，2021.03.

[16] 娄素华. 电气工程及其自动化自动化专业卓越工程能力培养与工程教育专业认证系列规划教材现代电力企业管理［M］. 北京：机械工业出版社，2021.08.

[17] 武健，潘树怡. 电力行业涉税指南［M］. 天津：天津科学技术出版社，2020.08.

[18] 刘跃群. 电量电费抄核收［M］. 重庆：重庆大学出版社，2020.03.

[19] 何惠清，韩坚，申益平. 增量配电网全过程多维精益化管理［M］. 镇江：江苏大学出版社，2020.08.

[20] 何振红，张鹏，车海平. 聚裂云＋AI＋5G的新商业逻辑［M］. 北京：机械工业出版社，2020.01.

[21] 袁国宝. 新基建数字经济重构经济增长新格局［M］. 北京：中国经济出版社，2020.04.

[22] 沈湉. 分布式光伏发电投资指南［M］. 上海：立信会计出版社，2020.12.

[23] 朱常贵. 创新视角的电力企业运营管理［M］. 长春：吉林出版集团股份有限公司，2020.03.

[24] 程翔，李延超. 大数据时代电力技术与市场营销管理［M］. 北京：原子能出版社，2019.10.

[25] 仇成群，胡天云. "互联网＋"电力营销服务［M］. 上海：上海财经大学出版社，2018.03.

[26] 桂建廷，刘旭中，张翢. 电力营销策略研究［M］. 长春：吉林大学出版社，2018.05.

[27] 高晓萍. 营销新进员工培训［M］. 上海：上海财经大学出版社，2018.03.

[28] 施泉生，丁建勇. 电力需求侧管理［M］. 上海：上海财经大学出版社，2018.03.

[29] 杨鲲鹏. 电力企业典型应用技术创新研究［M］. 武汉：华中科技大学出版社，2018.06.

[30] 高晓萍. 供电所窗口人员业务知识［M］. 上海：上海财经大学出版社，2018.03.

[31] 高晓萍. 能效与电能替代［M］. 上海：上海财经大学出版社，2018.03.

[32] 王晓华. 岸电系统［M］. 上海：上海财经大学出版社，2018.03.